68

christian skrein

künstler · legenden · fotografien

Die Deutsche Bibliothek - CIP-Einheitsaufnahme
Ein Titelsatz für diese Publikation ist bei
Der Deutschen Bibliothek erhältlich.

1. Auflage

Der Entwurf des Schutzumschlages (nach einer Idee und Vorlage von
Matthäus Jiszda) und die grafische Gestaltung des
Werkes stammen von Malwina Sohr. Das Lektorat oblag Maria Seifert.
Die Gesamtherstellung des Werkes erfolgte bei Grasl Druck & Neue Medien,
Bad Vöslau.
Gesetzt wurde aus der Rotis Sans Serif.

Die Fotografien mit folgenden Archivnummern sind im Format
40 x 50 cm in der Grafischen Sammlung der Österreichischen Fotogalerie im
Rupertinum Salzburg: 1, 3, 4, 5, 8, 10, 13, 14, 15, 18, 19, 20, 21, 22, 22 a, 24, 30,
33, 34, 36, 38, 40, 41, 41a, 42, 43, 48, 49, 50, 51, 54, 57, 60, 64, 67, 69, 71, 74, 76,
99, 115, 119

Copyright © der Abbildungen by Christian Skrein, St. Gilgen
Copyright © 2001 by Verlag Christian Brandstätter, Wien
Alle Rechte, auch die des auszugsweisen Abdrucks oder der Reproduktion einer
Abbildung, sind vorbehalten.
Das Werk einschließlich aller seiner Teile ist urheberrechtlich geschützt.
Jede Verwertung ist ohne Zustimmung des Verlages unzulässig. Dies gilt insbesondere für Vervielfältigungen, Übersetzungen, Mikroverfilmungen und die Einspeicherung
und Verarbeitung in elektronischen Systemen.
ISBN 3-85498-103-1

Christian Brandstätter Verlagsgesellschaft m.b.H.
A-1010 Wien, Schwarzenbergstraße 5
Telephon (+43-1) 512 15 43-0
Fax (+43-1) 512 15 43-231
e-mail: cbv@oebv.co.at
Internet:www.brandstaetter-verlag.at

68

christian skrein

künstler · legenden · fotografien

christian brandstätter verlag

widmung

Ich widme dieses Buch meinem lieben Vater, Dr. Raoul von Bumbala, dem wirklichen Befreier Wiens 1945, der sein Vaterland und die Menschen liebte, weise und ein liberaler Pionier war, und den ich so früh verlor.

statt eines vorworts:
freedom of movement oder ich, der 68er

Es war immer mein Ziel, mich frei und unabhängig zu bewegen, unabhängig natürlich, so weit es geht. Heute bin ich in der so genannten «New Economy» gelandet und selbst in den Fünfzigern. Damals, in den 60er-Jahren, da war die Fotografie neu und verblüffend. Damals hieß es: «Fotograf, das ist ein ganz moderner Beruf.» Also bin ich heute wie damals Vertreter einer «New Economy», nur eben jetzt umgeben von Laptops und Mobiltelefonen.

Nach 33 Jahren – meiner Glückszahl (der Buchtitel sollte eigentlich nicht 68er, sondern 33er heißen) – habe ich sie nun wieder von meinem Dachboden heruntergeholt, die alten Negative und Bilder. Für mich meine Vergangenheit, der Anfang und der Grundstock meines Lebens, meiner Erfolge und Misserfolge. Die Basis, auf der ich aufgebaut habe – natürlich auch eine Art Vergangenheitsbewältigung. Denn mit 17 habe ich begonnen, und mit 26 habe ich meinen Fotoapparat aus der Hand gelegt und seither nie wieder angerührt. Früher oder später finden alle Geschichten ein Ende. Auch Fotogeschichten. Die Fotos aber sollen weiterleben, das bin ich meinen Freunden, die so berühmt und erfolgreich geworden sind in ihrem Leben, und auch mir selbst schuldig.

Gott bewahre mir meine soziale Unabhängigkeit!
Raoul Christian Skrein-Bumbala, St. Gilgen, den 1. 1. 01

Plakat, 1968: Rasterskrein.
(Archiv-Nr. 113)

geboren bin ich

am 20. April 1945, Hitlers Geburtstag, sehr zum Leidwesen meines Vaters, der Leiter der Widerstandsbewegung O5 gegen das Hitler-Regime war und natürlich während der Geburt auf meine Mutter einredete, dass sie ihm das nicht antun könne und sie doch die Geburt wenigstens um ein paar Stunden verschieben möge. Aber wie es der Teufel will, bin ich doch noch am 20. April um halb zwölf in der Nacht auf die Welt gekommen. Je älter ich werde, desto weniger hänge ich meinen Geburtstag an die große Glocke oder feiere ihn großartig. Zumindest nicht oder fast nicht am 20. April, denn das wäre ja fast Wiederbetätigung.

Mein Vater war damals Unterstaatssekretär, das ist etwas Ähnliches wie Innenminister, der provisorischen ersten Regierung unter Bundeskanzler Julius Raab. Raab, aber auch Leopold Figl und andere leitende Politiker gingen bei uns ein und aus. Mein Vater hatte nämlich nicht nur im Untergrund gekämpft, sondern hatte davor Adolf Hitler auch zwei fürchterliche Schreiduelle geliefert, die er mit einem langen Aufenthalt – als «Politischer», wie es damals hieß – im Konzentrationslager Dachau bezahlte. Dort lernte er die spätere Gründungselite Österreichs – wie Raab, Figl und andere – kennen und gehörte nach dem Krieg mit ihnen zu den Mitbegründern der österreichischen Volkspartei. Somit bin ich ein geborener ÖVPler, der jedoch bis heute kein Parteibuch hat. Ein untypischer Patriot also. In meiner Erbschaft fand sich auch ein Foto anlässlich

der Gründung der Österreichischen Volkspartei, das ich Hugo Portisch bei der Recherche für seine Dokumentation «Österreich I und II» zur Verfügung stellte. Er veröffentlichte es mit dem Untertitel «Foto Christian Skrein», sodass dieses Bild eigentlich, dem bloßen Namen nach, das erste publizierte Skrein-Foto darstellt. Danach ist es naturgemäß x-mal in allen möglichen Dokumentationen und historischen Berichten abgedruckt worden, immer wieder mit dem Nachweis «Foto Christian Skrein». So wurde mir also, kaum auf der Welt, schon 1945 mein erstes Foto in die Wiege gelegt.

Bis heute gelang es mir nicht, den wirklichen Fotografen ausfindig zu machen, um ihm die vielen Freiexemplare, die ich für dieses Foto erhielt, weiterzugeben.

Einer der Entwürfe für das Ausstellungsplakat «Super-Design», 1968, in der Galerie nächst St. Stephan in der Grünangergasse 1, Wien I., vom 10. Juni bis 7. Juli 1968
Von links nach rechts: Oswald Oberhuber, Maler und Bildhauer, geboren 1931 in Meran, Südtirol, Bruno Gironcoli, Bildhauer, geboren 1936 in Villach, Hans Hollein, Architekt, geboren 1934 in Wien, Roland Goeschl, Maler und Bildhauer, geboren 1932 in Salzburg, und Walter Pichler, Zeichner und Bildhauer, geboren 1936 in Deutschnofen, Südtirol.
(Archiv-Nr. 20)

Das erste «Skrein-Foto»: Diese historische Aufnahme der Gründung der österreichischen Volkspartei im Palais Auersperg 1945 wurde zeitlebens mir, Christian Skrein, der ich selbst erst 1945 geboren bin, zugeordnet. (Archiv-Nr. II)

Als Baby bekam ich natürlich nichts von den Turbulenzen der Zeit mit. Ich wuchs nobel und wahrscheinlich auch glücklich heran, in der Larochegasse 33 in Hietzing im 13. Bezirk. Meine Mutter war eine schöne, begehrenswerte 20-jährige Frau, die gut in das damalige Bild des Aufbruchs und Wirtschaftswunders passte. Für mich waren diese ersten Jahre der schönste Teil

Walter Pichler, 1968.
Bei ihm zu Hause beim
«Prototypenessen»; so stellten
wir uns das Jahr 2000 vor,
Walter und ich, wobei die
Foto-Utensilien auf den
Tellern von mir sind.
(Archiv-Nr. 21)

Walter Pichler, nach 1970, im neuen Atelier.
Als Fotograf verdankte ich Walter Pichler Ästhetik und Geschmack.
(Archiv-Nr. 22a)

meiner Kindheit. Denn leider verstarb mein Vater schon sehr früh. Ich bekam einen strengen Stiefvater und wir zogen in die Canovagasse/Ecke Karlsplatz im 1. Bezirk, gegenüber dem Musikverein. Obwohl ich heute natürlich den Jähzorn und die Ungeduld meines Vaters gut verstehen kann – er wollte als erfolgreicher Anwalt, der als einer der wenigen das schreckliche Konzentrationslager Auschwitz überlebt hatte, seine Tage genießen. Ich aber war rebellisch und wollte mich nie fügen. So brach für mich eine unbegreiflich düstere Zeit an.

Walter Pichler, «Kleiner Raum», Prototyp 4, 1967; hier seiner Tochter aufgesetzt, 1968. (Archiv-Nr. 22)

Walter Pichler, «Kleiner Raum», Prototyp 4, 1967. Plakatentwurf (siehe auch Seite 121) für die Ausstellung «Pichler zeigt 8 Prototypen» in der Galerie nächst St. Stephan, 27. Oktober bis 18. November 1967. (Archiv-Nr. 24)

Es war Ende der 50er-Jahre. Statt Schulaufgaben zu machen, schaute ich, sozusagen hauptberuflich, aus dem Fenster auf den Karlsplatz und das Treiben dort unten und geriet darüber ins Tagträumen.

Damals gab es schon eine Menge Leute, die Waren auf allerlei Art transportierten. Gewerbetreibende, Handwerker und Bettler sah ich, die mit dem Handwagen ihr Klumpert beförderten. Einer war darunter, der rief immer: «Alte Fetzen, Flaschen ...» Dann einer, der fuhr, und daneben vereinzelt Motorradfahrer, manche mit Beiwagen, Lastautos mit einer Ladung Reste vom Zweiten Weltkrieg, jede Menge Pferdefuhrwerke, z. B. die Milchwagen, und dann überquerte einmal am Tag wohl auch ein Personenauto den Platz. Regelmäßig sah ich einen Mann, der einen Wagen mit Rohrmöbeln, täglich mit anderen Stühlen, Bänken, Schaukelstühlen und Tischen bestückt, über den Karlsplatz zog. An diese Gestalt aus meinen Kindertagen fühlte ich mich erinnert, als ich, lange danach, erfuhr, dass auch Kurt Kalb einst seine Thonetmöbel mit einem solchen Handwagen herumgeschleppt hatte. Er besaß Depots in irgendwelchen Kellern in der Nähe. Thonetmöbel hatten damals Brennholzwert, aber Kurt Kalb bewies – ähnlich wie John Sailer, der auch oft hinter oder neben dem Gefährt herzog, um die Fracht zu stützen – das richtige Gespür. Kalb und Sailer waren somit wahrscheinlich die Ersten, die diese später so wertvollen Kunstmöbel sammelten.

Ich war gerade fünf, da brachten mich meine Eltern für die Dauer ihres Urlaubs in Spanien in ein Heim nach

Walter Pichler, «Autoapplikationen», 1968. Volkswagendach mit «Beulen». (Archiv-Nr. 27)

Kreuzberg am Mondsee. Dort weinte ich gleich einmal zwei Monate durch. In ähnlicher Weise gestaltete sich meine restliche Jugend – nicht sonderlich lustig, um ehrlich zu sein. Ich denke deshalb auch eher ungern an diese Zeit zurück. Natürlich war ich auch ein miserabler Schüler, eigentlich war ich der schlechteste Schüler, den ich je kennen gelernt habe. Ich besuchte in 12 Jahren 12 Schulen und brachte es trotzdem unter anderem zum Theresianisten! Das nenne ich mehr Glück als Verstand. Oft stellte ich mir selbst die Frage: Was wird einmal aus dir werden, wenn du so weitermachst? Übrigens, es ist nichts Besonderes aus mir geworden, es scheint nur, dass der liebe Gott einen nicht ganz vergisst, wenn man viel Pech hatte, in der Schule und zu Hause und eine traurige Kindheit obendrein, dass er einem dann irgendetwas dafür gibt. So hat er mir möglicherweise ein kleinwenig mehr Hirn gegeben als manch anderem. Und da ich keine besonderen Talente hatte, machte ich in meinem Leben eben aus diesem Bisschen etwas, nachdem ich die letzte Schulmöglichkeit, das Bad Ausseer Internat, verließ.

Sehr früh schon stellte sich bei mir eine gewisse Kreativität ein, wie mir andere erzählten. Da ich ja nicht besonders umsorgt war, spielte ich mit meiner Ditmar-Aufzieheisenbahn bei verschlossener Tür allein in meinem Zimmer, welches natürlich das letzte einer Flucht war. Wenn ich meine Butterbrote nicht mehr aufessen wollte, versteckte ich sie hinter den Tapeten. Nach wenigen Tagen begannen sie übel zu riechen, keiner aber kam dahinter, woher der fürchterliche Gestank in meinem Zimmer stammte. – Ich hege die Vermutung, dass diese Butterbrote heute noch an Ort und Stelle sind.

Kiki Kogelnik, 1968.
Kiki Kogelnik, geboren 1935 in Bleiburg, Kärnten, gestorben 1997 in Wien, häufiger Gast auf diversen Partys, zeichnete sich dadurch aus, dass sie überall und nirgends war. Sie war in New York, sie war in Kassel, sie war in Köln, sie war in Wien – eine bescheidene, tolle Persönlichkeit, die in ganz unspektakulärer Art richtungsweisende Ideen hatte. Hier sieht man sie mit ihrem Mann. Kiki hatte immer schon popig rote Haare, noch bevor das in Mode kam, und war stets voller Fürsorge für ihre Freunde. (Archiv-Nr. 28)

Mit 12 Jahren bekam ich dann, anlässlich meiner «Studienreise» in die Greenway School in der Nähe von Salisbury in England, eine Box Tengor-Zeiss Ikon mit einem Goerz Frontar-Fixobjektiv, einen Fotoapparat in Form eines schwarzen Kastens, wie man ihn noch aus alten Filmen kennt. Im Nachhinein verstehe ich meine Eltern, dass sie mich auf diese Schule schickten: Schlechter Schüler, der ich war, mühsam zu lenken und schlimm, konnte ich für sie natürlich nicht weit genug weg sein. In England jedenfalls fing ich an zu fotografieren, 6 x 9-Fotos. Die Bilder vergrößerte ich auch selbst, nachts, im Badezimmer, mit Hilfe eines übertragenen Leitz-Vergrößerungsapparats, an den ich mich sehr genau erinnere, weil er für mich wie eine schwarze Weltkugel aussah, unten schaute eine Optik heraus und im Inneren der Kugel befand sich eine Lampe.

Mit 17 Jahren hatte ich es bereits zu einigem Geschick im Fotografenhandwerk gebracht. Aber da ich praktisch ohne berufliche Voraussetzungen anfing und nichts besaß außer der alten Box Tengor, zusätzlich einige zusammengeschnorrte Lucky Strike, Pall Mall und 3er (die Packung zu fünf Schilling) sowie ein Gemälde vom venezianischen Altmeister Giulio Carpioni und ein knapp bemessenes Taschengeld, beschloss ich, mir im Hotel Prinz Eugen als Hilfsportier meine erste Profi-Kamera, eine Rollei-Flex, zu verdienen. Später, Ende der 60er-Jahre, schrieb deshalb ein Journalist, Bruno Seiser, in der Kronen Zeitung über mich: «Vom Hilfsportier zum Fotomillionär ...» – sehr peinlich, weil das mit dem Millionär natürlich nicht stimmte.

Gleich nach meiner zweimonatigen Hotelkarriere wurde ich beim legendären Zeitungsverleger Ludwig Polsterer, dem Herausgeber und Miteigentümer des *Neuen Kurier*, als freier Fotoreporter vorstellig. Dort hatte ich Protektion, denn Polsterer verehrte meinen verstorbenen Vater und war selbst auch so ein Luftikus mit Pioniergeist wie ich, der schon in den 50er-Jahren den bis heute berühmtesten österreichischen Film, *Die Brücke* (mit Maria Schell und Bernhard Wicki), produzierte: Mir ging es

Arnulf Rainer, 1968, geboren 1929 in Baden bei Wien. Im Hundertwasser-Atelier am Graben in Wien zeigt der Künstler anlässlich der Auflösung des Pintorariums durch die Vereinspolizei ein letztes Mal sein «TRRR-Plakat». TRRR war das Synonym für seine Blindmalerei, beginnend mit dem Jahr 1951. Das Pintorarium hatte er mit Ernst Fuchs und Fritz Hundertwasser als Antiakademie und Provokations-Brutstätte («Crematorium zur Einäscherung der Akademie») 1959 gegründet. (Archiv-Nr. 30)

Arnulf Rainer, 1968, in meinem Atelier in der Lainzer Straße.
Eines der wenigen Farbdias, die mir Rainer überließ: «Das können Sie behalten, als Dokumentationsnachweis», sagte er. Er holte die Negative immer gleich nach der Entwicklung ab, eine Manie, die sich später als höchst weises Vorgehen herausstellte. Auf den beiden Fotos sitzt er auf Walter Pichlers Stuhl «Galaxy 1», der von der Firma Svoboda, die Peter Noever leitete, erzeugt wurde. (Archiv-Nr. 33)

Arnulf Rainer, 1968, Titelbild des Kataloges «Rainer» für die Ausstellung im Museum des 20. Jahrhunderts, 26. Oktober bis 31. Dezember 1968.
Dieses Foto fand sich auch auf dem Einbogen-Ankündigungsplakat, das Rainer oftmals für Freunde übermalt hatte. Auch ich besitze noch ein Exemplar von damals. Die Wolken, auf denen Rainer schwebt, bildeten sich zufällig durch die mangelhafte Ausleuchtung – im Druckverfahren weiter verschlechtert, und schon schwebte Rainer über den Wolken. (Archiv-Nr. 31)

damals eigentlich mehr um den Presseausweis als um die Arbeit, der ich mich zu jenem Zeitpunkt voll und ganz widmen konnte, war ich doch eben erst aus dem Theresianum hinausgeflogen und gerade noch nicht in die Bad Ausseer Privatschule eingetreten.

Jedenfalls platzte ich beinahe vor Freude und Stolz, als Ludwig Polsterer mir jungem Spund tatsächlich einen Presseausweis in die Hand drückte, der einem Sesam-öffne-Dich für alle Veranstaltungen gleichkam. Diesen Presseausweis hätte ich mir am liebsten rahmen lassen und an einer Kette um den Hals gehängt, so stolz war ich. Und doch konnte ich ihn niemandem zeigen, wenn ich durch die Wiener Gassen rannte, um ja nichts zu versäumen, so belanglos es auch sein mochte. Auf diese Weise machte ich mein erstes Foto, «Bänke unter Wasser», das veröffentlicht wurde: Am Donaukanal bei der Urania

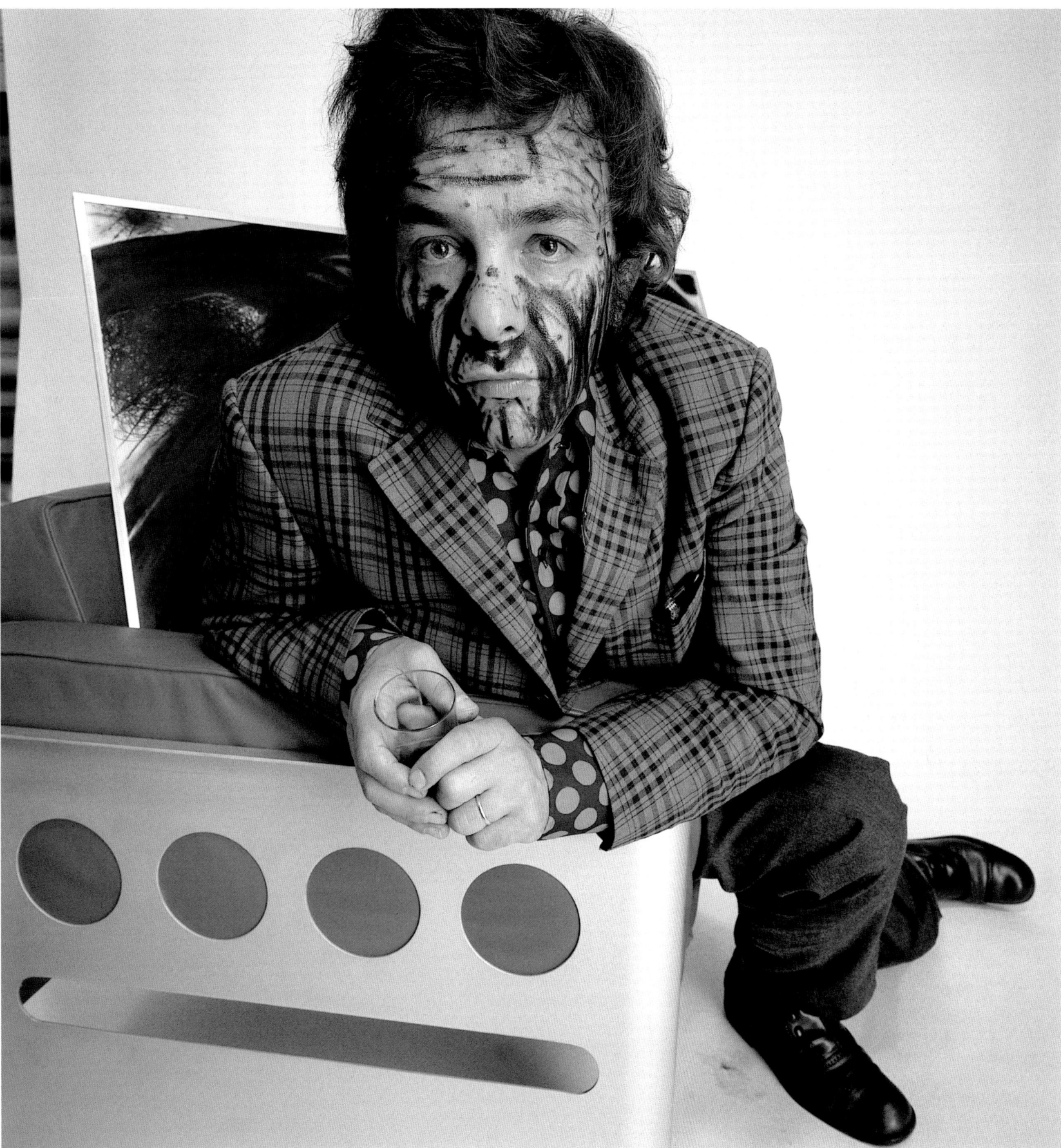

Der 39-jährige Arnulf Rainer blickt vom Dach des Ateliers von Friedensreich Hundertwasser über Wien (1968). (Archiv-Nr. 32)

Arnulf Rainer, kurz vor seiner neuerlichen Provokation im Eingang zum Stephansdom in Wien.
Es waren dies im Februar 1968 die ersten öffentlich gezeigten Selbstgestaltungen – schwarze Gesichtsübermalungen. Eine groß angelegte polizeiliche Amtshandlung folgte; hier wartet Rainer hinter dem schweren Wintervorhang vor dem Hauptportal der Stephanskirche auf seine Verhaftung. (Archiv-Nr. 34)

unter der Brücke zogen gerade Feuerwehrleute Parkbänke mit langen Stangen aus dem Wasser. Das fotografierte ich, da ich darin ein großes journalistisches Ereignis sah. Als ich die Bilder zum Kurier brachte, nahm sie der Redakteur Schwarz entgegen und meinte: «Ja, und was soll das? Sie, was Besonderes ist das aber nicht! Also, wir werden sehen, ob uns eine Lücke im Umbruch übrig bleibt.» Am nächsten Tag war auf einer der hinteren Seiten das kleine Bild mit einem kurzen Text abgedruckt. Auf diese erste Veröffentlichung war ich dann noch stolzer als auf meinen Presseausweis, vor allem bekam ich ganze 100 Schilling als Fotograf und – für mich sehr

Arnulf Rainer, 1968, im Atelier von Friedensreich Hundertwasser am Graben in Wien «10 vor 12».

Hundertwasser, Rainer und Fuchs waren die Gründer des «Pintorarium». Sie trafen einander aus diesem Anlass in Hundertwassers Atelier und wollten am Stephansplatz eine gemeinsame Aktion, ein Happening, mit bemalten Gesichtern durchführen. Rainer ging hinunter und wurde prompt vor dem Hauptportal der Stephanskirche verhaftet. Vorher gelang mir noch eine mystische Aufnahme, als er durch den Schlitz des dicken Portalvorhangs des Wiener Wahrzeichens, des Doms zu St. Stephan, durchschaute (siehe Seite 20). Hundertwasser hatte sich geweigert, auch hinunterzugehen, mit dem Hinweis, dass er schon zwei Mal öffentlich nackt aufgetreten sei – er hatte ja vor der Kulturpolitikerin Gertrude Fröhlich-Sandner die Hose runtergelassen – und nicht schon wieder eine Amtshandlung brauche. Fuchs wiederum ging statt auf den Stephansplatz auf das Dach des Hundertwasser-Ateliers, wo er dann meinte: «Wir können ja a paar Fotos da auf'm Dach machen, weil wenn der Fritz net geht, dann geh´ i net, weil de mit de Kappln (die Polizisten), de hab' i scho g´fressn.» Trotzdem versuchte er, Hundertwasser umzustimmen: «Geh, Fritz, komm scho', wozu hab' i mi jetzt ang'malt?»

Zu jener Zeit war eindeutig Hundertwasser die graue Eminenz. Er pflegte stoisch in seiner großen Atelier-Badewanne inmitten schwimmender Kerzenlichter zu baden, besser gesagt Hof zu halten. Erst heute ist mir klar, warum sich Hundertwasser immer in der Badewanne fotografieren und warum er die Kerzenlichter an der Wasseroberfläche schwimmen ließ: Er tat es nicht nur wegen seines Namen – das Wasser und das Licht als Symbol des Lebens, und er, der Hundertwasser, nackert darin –, nein, es war auch ein Ausdruck seiner Individualität. Fritz wollte nie das tun, was die anderen tun wollten. Er war Existenzialist durch und durch, einer der ersten Hippies und der Ur-Grüne schlechthin. Als Künstler schätzten wir ihn möglicherweise zu wenig. Seine Malerei war uns zu banal und zu kitschig und vor allem zu sehr in der Nähe der phantastischen Realisten, die wir überhaupt nicht schätzten. Den Fuchs zum Beispiel hätte ich in Gegenwart der Freunde Wiener, Steiger, Rainer, Pichler, Attersee überhaupt nicht fotografieren dürfen. Das wäre ein Grund für den Hinauswurf aus der Gruppe gewesen. Aber damals juckte es mich so stark, als ich Zeuge wurde, wie er seine ewige Kappe lichtete und die langen Haare herausließ – das alles mit dem bemalten Gesicht. Diese Situation da oben auf den Dächern über Wien, über dem Stephansplatz, bei Sonnenschein, das bemalte Gesicht, die langen, nie zuvor gesehenen Haare, der nackte Oberkörper, das war wie eine Offenbarung, die ich zumindest dokumentarisch festhalten wollte.
(Archiv-Nr. 36)

Ernst Fuchs, 1968, Maler und Grafiker, man sollte eher sagen «Grafiker und Künstler», geboren 1930 in Wien, «Buntes Gesicht». Auch Fuchs bewegte sich mit seiner Kunst am Rande des Trivialen, aber in Fatty's Saloon – der Wiener Jazz-Club von Fatty George – erwies er sich als der sensationellste Boogie-Woogie-Tänzer ganz eigener Wiener Prägung. Mit diesem Stil wird er in die Kunstgeschichte eingehen. (Archiv-Nr. 38)

«Altspatzen», 1967, Leherb, eigentlich Helmut Leherbauer, geboren 1933 in Wien, gestorben 1997, und Lotte Profohs, geboren 1934 ebenfalls in Wien: Antiszene.
Die beiden setzten sich in Szene, damals meiner Meinung nach schon 50 Jahre zu spät. Oswald Wiener bezeichnete sie als «Altspatzen». «Altspatzen» sind eben Trittbrettfahrer, Leute, die sich von einem abgeschlossenen Kunst-Trend mittreiben lassen. Auffällig ist die gerüschte Badehaube, die schon damals als Symbol für Spießigkeit galt. In diesem Fall handelte es sich leider nicht um eine Persiflage, sondern war surrealistisch gemeint, auch das peinliche «Fresko». (Archiv-Nr. 37)

überraschend – 30 Schilling als Journalist, weil der Text, zumindest dessen Inhalt, ja quasi auch von mir war. Und das trotz der langen Serie von Nicht genügend in Deutsch bei Professor Leeb. Allerdings wurde damals noch kein Hinweis auf den Fotografen mit abgedruckt, was mich fürchterlich ärgerte, da ich natürlich das erste gedruckte Bild mit «Christian Skrein» untertitelt sehen wollte.

Angespornt durch diesen Erfolg, rannte ich noch schneller durch Wien, immer auf der Suche nach geeigneten Motiven. Bald schon hatte ich es zu einem recht bekannten und wegen seiner Forschheit gefürchteten Fotoreporter gebracht, der, egal was passierte, stets in der ersten Reihe stand, um die besten Aufnahmen zu bekommen, und mit 18 hatte ich die Vertretung als Fotograf bzw. Fotografenkorrespondent für Dutzende Zeitungen und Illustrierte im deutschsprachigen Raum inne.

Friedensreich Hundertwasser, 1968, war gern im Badezimmer. (Archiv-Nr. 13)

Friedensreich Hundertwasser (eigentlich Friedrich Stowasser), geboren 1928 in Wien, gestorben 1999 in Neuseeland, 1968. (Archiv-Nr. 10)

Anfang der 60er-Jahre vertrieb man sich als Fotoreporter die Zeit hauptsächlich damit, herumzugehen und zu warten, bis irgendetwas passierte. Das tat natürlich auch ich. Mittlerweile war ich im Besitz einer alten Leica M2 und einer Rollei-Flex und arbeitete für die *Bunte*, für *Quick*, für *Stern*, für die österreichischen Tageszeitungen, wie *Bildexpress, Kurier, Presse, Neues Österreich*, und natürlich für die damals so genannten

«Glaswassermolch», 1968. Hundertwasser liegt, bekleidet mit dem Morgenrock, auf dem Glasdach seines Stadtateliers. Die zwei durchscheinenden Bälle sind Blumentöpfe, die unbedingt dabei sein mussten. (Archiv-Nr. 14)

Dominik Steiger, geboren 1940 in Wien, Dichter, Zeichner, Musiker, 1968. Beim Spaßmachen mit Freunden, was Steiger sich als renommierter junger Literat allemal leisten konnte, mit seiner Papierbrille für den scharfen Blick auf die scharfen Zeilen, die er verfasste. (Archiv-Nr. 41)

Unter den Wolken auf den Dächern Wiens, 1968. Dominik Steiger mit Glas und Flasche. (Archiv-Nr. 41a)

Auf dem Dach des Ateliers von Friedensreich Hundertwasser, 1968. Sie schauen dem «Gesichtmalhappening» von Hundertwasser, Fuchs und Rainer zu. Die Zuschauer sind Dominik Steiger, Kurt Kalb, Robert Klemmer und Christian Ludwig Attersee. (Archiv-Nr. 40)

Reinhard Priessnitz, 1968, Literat, geboren 1945 in Wien, gestorben 1985 in Wien.
Studio-Aufnahme: Requisit ist wieder der obligate Thonet-Rollstuhl aus dem Fundus von Kurt Kalb, den ich ihm später um tausend Schilling abkaufte.
(Archiv-Nr. 42)

Ernst Graf, 1968, Designer, Arrangeur, Bühnenbildner («Wünsch dir was»-Miterfinder), immer hilfsbereiter Philosoph und guter Geist der Freunde. Ohne ihn ging gar nichts, er war als hauptberuflicher Freund immer dabei – danke Ernst.
(Archiv-Nr. 45)

«Schundblätter», heute als «Yellow Press» bezeichnet – nennen wir keine Namen, es sind noch dieselben wie 1968. Auf diese Weise war es mir möglich, meine Reportagen oftmalig zu verkaufen, am häufigsten übrigens ein Bild, das «Die drei Vögel» hieß. Darauf waren der damals bekannte Schauspieler Peter Vogel mit seinem ebenso bekannten Vater und Peter Vogels neugeborenes Kind Nikolaus zu sehen, das später auch Fotograf wurde und als Kriegsberichterstatter im ehemaligen Jugoslawien auf einem Flugfeld tragisch ums Leben kam.

Joseph Beuys, geboren 1921 in Krefeld, gestorben 1986 in Düsseldorf.
«Raum Plastik 10 x 12 m», Galerie nächst St. Stephan, Wien, 8. Januar 1971.
Auf der documenta IV in Kassel war ich besonders neugierig auf Christo, aber auch auf den Geheimtipp für Insider: Joseph Beuys. Er war eine geheimnisumwitterte Figur. Es hatte sich herumgesprochen, dass er Sturzkampfflieger gewesen war, und man erwartete nun, in seiner Kunst einen Bezug auf diese Vergangenheit zu entdecken. Dem war jedoch nicht so. Beuys redete praktisch nichts. Als ich ihn fotografierte, durfte ich auch nicht viel sagen. Aber Beuys stand ohnehin in seinem Flanellanzug vor der Flanellwand und vor seiner Raumplastik ausdauernd still. Ich war mir damals nicht hundertprozentig sicher, ob ich da was Wichtiges für die Zukunft fotografiert hatte. Aber schon zwei Jahre später war Beuys in der Galerie nächst St. Stephan in der Grünangergasse quasi ein persönlicher Gast von Monsignore Otto Mauer, dem Künstlerseelsorger.

Der Umstand, dass Monsignore Mauer ihn ausstellte, machte uns alle neugierig, denn es war ein Beweis für die Wichtigkeit des Künstlers. Ich ging deshalb auch zum Aufbau der Ausstellung, damit ich bei der Eröffnung nicht den wichtigen Tratsch mit den Freunden versäumen musste, nur weil ich durch das Fotografieren verhindert war. Als ich die Galerie betrat, hielt mich Monsignore Mauer schon im Vorraum auf und sagte: «Da drinnen ist er, aber stören Sie ihn nicht, er baut auf.»

Ich betrat den Raum so vorsichtig, wie ein Fotograf nur sein kann. Drinnen stand Beuys wieder vor seinem ausgestellten Werk, wie schon in Kassel, und sagte: «Ah, der Österreicher, Klein oder so?» Ich war stolz darauf, dass er sogar meinen Namen fast richtig in Erinnerung behalten hatte, und nahm dies als Aufforderung, ihn zu fotografieren. Ich wollte ihm dann aber nicht zu lästig fallen und machte eigentlich nur drei oder vier Schwarzweiß-Fotos. Beuys war darauf bedacht, dass seine Augen auf dem Foto, trotz des Schattens, den sein ewiger Hut warf, herausstachen.

Der Raum war erfüllt von Beuys-Atmosphäre, hervorgerufen durch die dominierende Stille seiner Persönlichkeit. Beim Fotografieren fühlte ich mich nicht ganz wohl, weshalb die Aufnahmen auch nicht weiß Gott wie scharf wurden, sondern leicht verwackelt. Ich musste wieder nicht viel sagen, Beuys stand sowieso still. Der mit Zinkblech überzogene Holztisch mit den Batterien und den stehenden Stangen im Hintergrund ließ noch keinesfalls ahnen, dass Joseph Beuys später einmal ein Gründungsmitglied der Grünen Deutschlands werden würde. Dafür aber spürte man in ihm bereits die dominierende Kultfigur der kommenden Zeit. Subtil plante er damals schon seine Historie, wie dies übrigens auch Arnulf Rainer in Österreich tat.
(Archiv-Nr. 1)

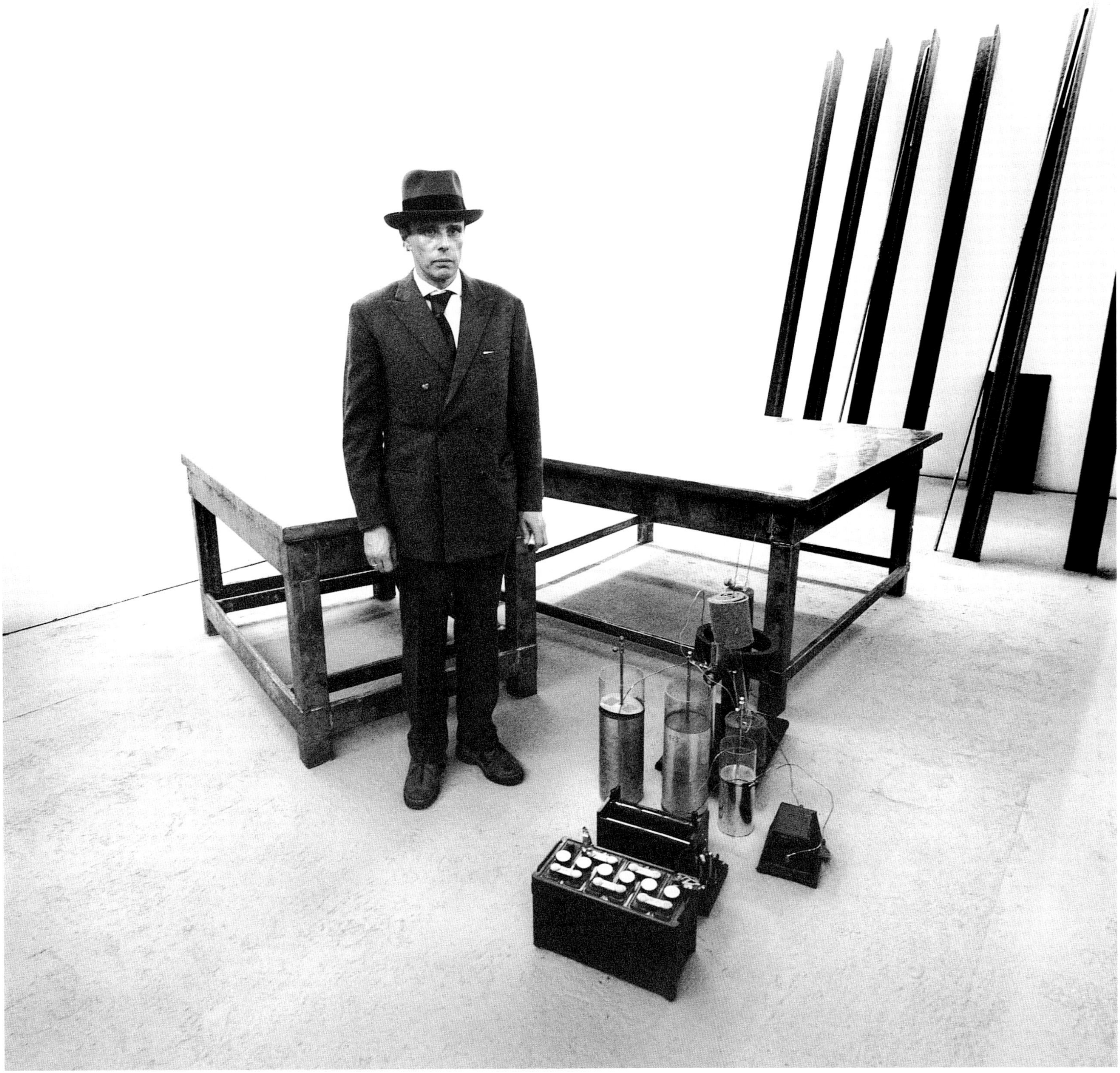

Joseph Beuys, documenta IV,
27. Juni bis 6. Oktober 1968,
Kassel. (Archiv-Nr. 2)

Joseph Beuys, documenta IV, 27. Juni
bis 6. Oktober 1968, Kassel.
(Archiv-Nr. 2a)

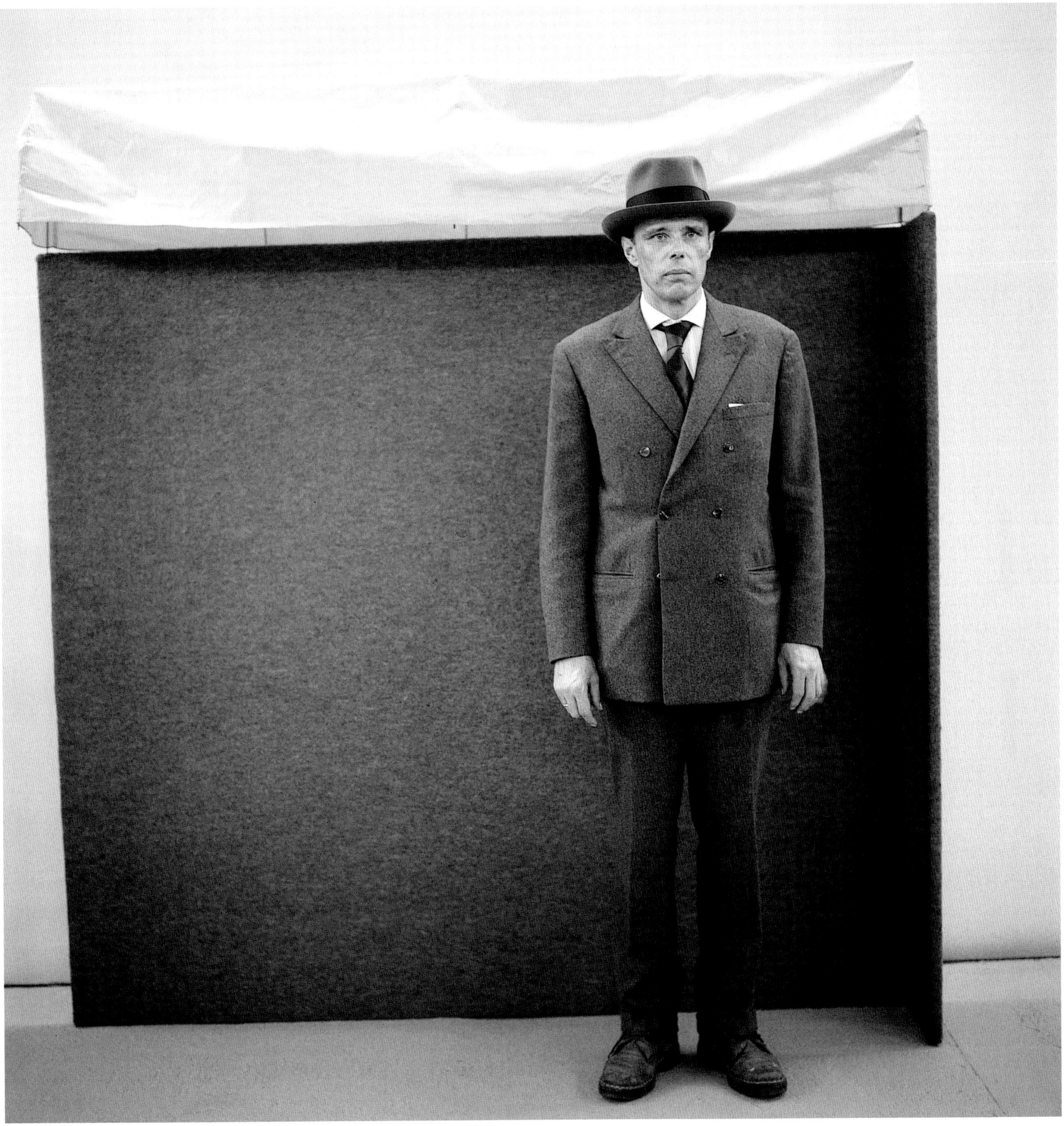

Verpackte Kamera, 25 x 25 cm, BOLEX, Plastik und Schnüre aus dem Restmaterial des Objektes «5450 m Cubic Package». (Archiv-Nr. 411)

An zweiter Stelle meiner Verkaufshitliste stand das Bild «Alle vier Frauen der Beatles auf einem Bild», entstanden anlässlich der Dreharbeiten zum Film *Help* in Obertauern, vor allem an Magazine, Illustrierte und an die Yellow Press. Das Bild von den «Drei Vögeln» habe ich 33-mal verkauft, und seitdem ist die 33 meine Glückszahl. Ich wundere mich schon gar nicht mehr, wenn ich in einem Hotel absteige und die Zimmernummer 33 bekomme, oder wenn ich ins Kino gehe und auf dem Platz 33 sitze, oder einen Garderobezettel mit der Nummer 33 erhalte. Die Beatles-Frauen konnte ich nicht 33-mal verkaufen – da fehlte es weit.

Dann war ich Heimatfilm-Standfotograf bei Franz Antel, z. B. bei den Dreharbeiten zu *Die große Kür*, und auch bei Peter-Alexander-Filmen. Ich war der Letzte, der Hans Moser vor seinem Tod fotografierte. Ich fotografierte Louis Armstrong anlässlich seines Auftritts in der Wiener Stadthalle, und ich fotografierte das erste Rolling-Stones-Konzert, als die Stones noch gar nicht richtig bekannt waren. Mit Peter Kraus fuhr ich als fliegender Fotograf in seinem schwarzen Chevrolet Stingray an die Côte d'Azur. In Freddy Quinns Flügeltür-Mercedes durfte ich ein Mal einsteigen und probesitzen, nachdem ich mir, wohlgemerkt, vorher die Schuhe hatte ausziehen müssen, und Curd Jürgens verriet mir manchmal, wo er sich jeweils am Abend amüsierte, sodass ich dort die Mitglieder der, wie man damals sagte, High Society für die Tratschspalten und Filmkolumnen, in der *Krone* von Helmut Dimko und im *Kurier* von Peter Hayek, fotografieren konnte.

Mit 22 fotografierte ich auch schon ab und zu für *Vogue*. Eine meiner ersten Fotogeschichten war über Arndt von Bohlen und Halbach, der mit seinen vielen Goldketten und Klunkern ein geeignetes Objekt für Modeaufnahmen war. Ich fotografierte ihn im Hause Auersperg in Kitzbühel, wo er mich, während er sich für die Aufnahmen schön machte, im Salon vor einem Kamin mit zwei riesigen Elefantenzähnen warten ließ. Das dazugehörige Tier hatte sein Schwager Alfi Auersperg als WILD HUNTER in Afrika geschossen.

Christo, 1968, geboren 1935 in Gabrovo, Bulgarien. Wiese vor der Orangerie Auepark, documenta IV, 27. Juni bis 6. Oktober 1968, Kassel, «5450 m Cubic Package». Unter Christos Anleitung packte ich auf der documenta mit seinem Restmaterial (Plastik) meine BOLEX-16-mm-Filmkamera ein, wodurch ich faktisch in den Besitz eines Lehrstücks gelangte, das ich mir bis heute aufgehoben habe. Es war quasi ein Dank dafür, dass wir (Walter Pichler, Ernst Graf und Ossi Wiener) ihm beim Aufstellen seines Riesenphallus geholfen haben, der übrigens nie richtig zum Stehen kam. Turbulent, wie diese Begegnung begann, ging es in der darauf folgenden Nacht weiter, in der wir schließlich in einem sehr feuchten Weinkeller auf Günter Grass trafen. (Archiv-Nr. 4)

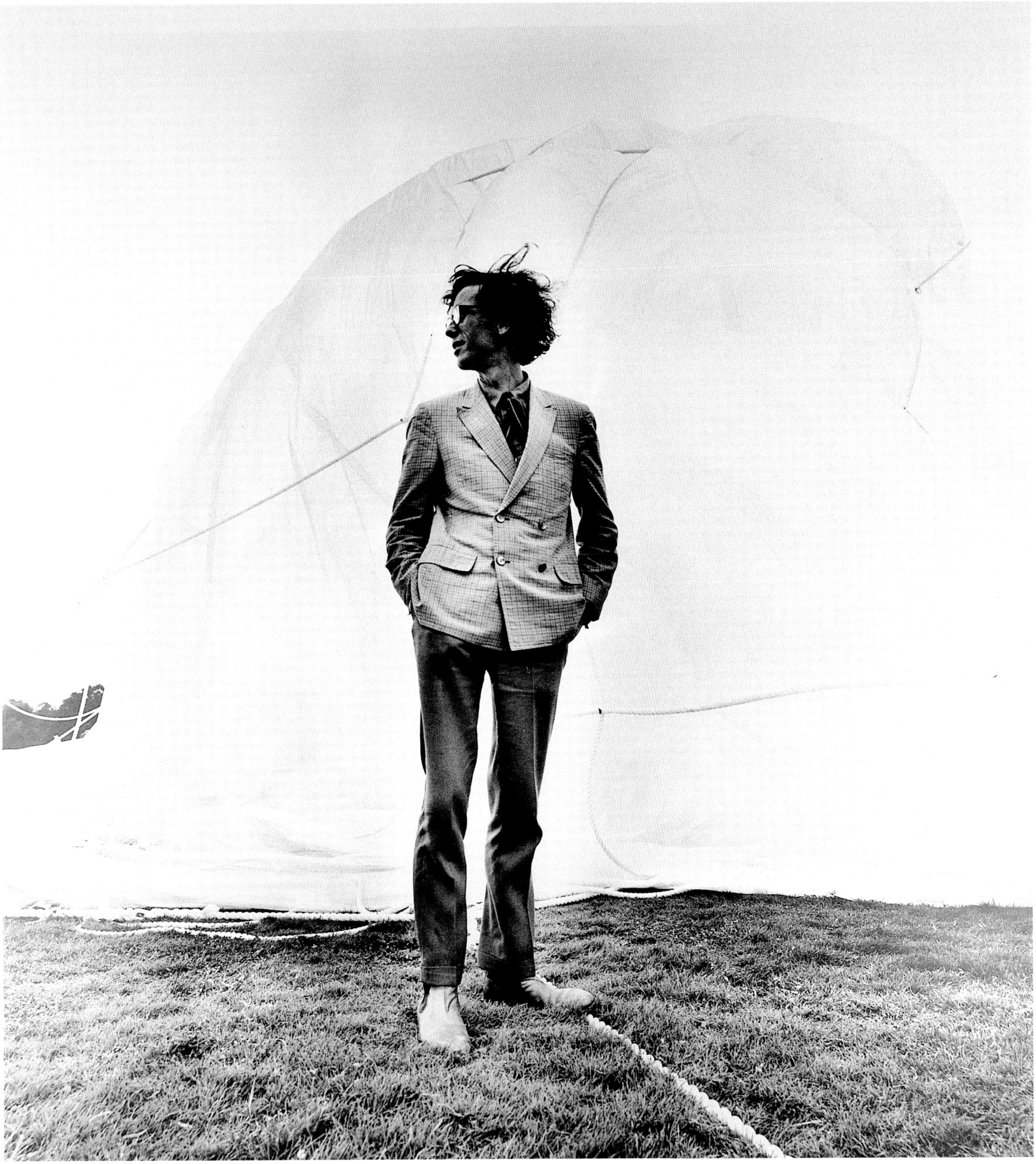

Wiese vor der Orangerie Auepark, documenta IV, 27. Juni bis 6. Oktober 1968, Kassel, «5450 m Cubic Package» aus Polyethylen, Seilen, Metallkabel, Luft, Luftballons, Helium, Farbe.
Christos Phallusobjekt wollte also nicht und nicht stehen. Der Gesamteindruck war ähnlich wie der beim ersten Start eines Zeppelins oder eines Freiflugballons. Eine ganze Reihe namhafter amerikanischer und europäischer Künstler half Christo beim Aufstellen, aber das Objekt blieb schief! Es hatte einfach so viele nicht reparierbare Luftlöcher, dass nichts zu machen war. Es war ja auch die Anfangszeit der aufblasbaren Plastiken, da halfen nicht einmal die guten Ratschläge von Walter Pichler, der ja auf dem «Aufblassektor» ein Pionier war. (Archiv-Nr. 5)

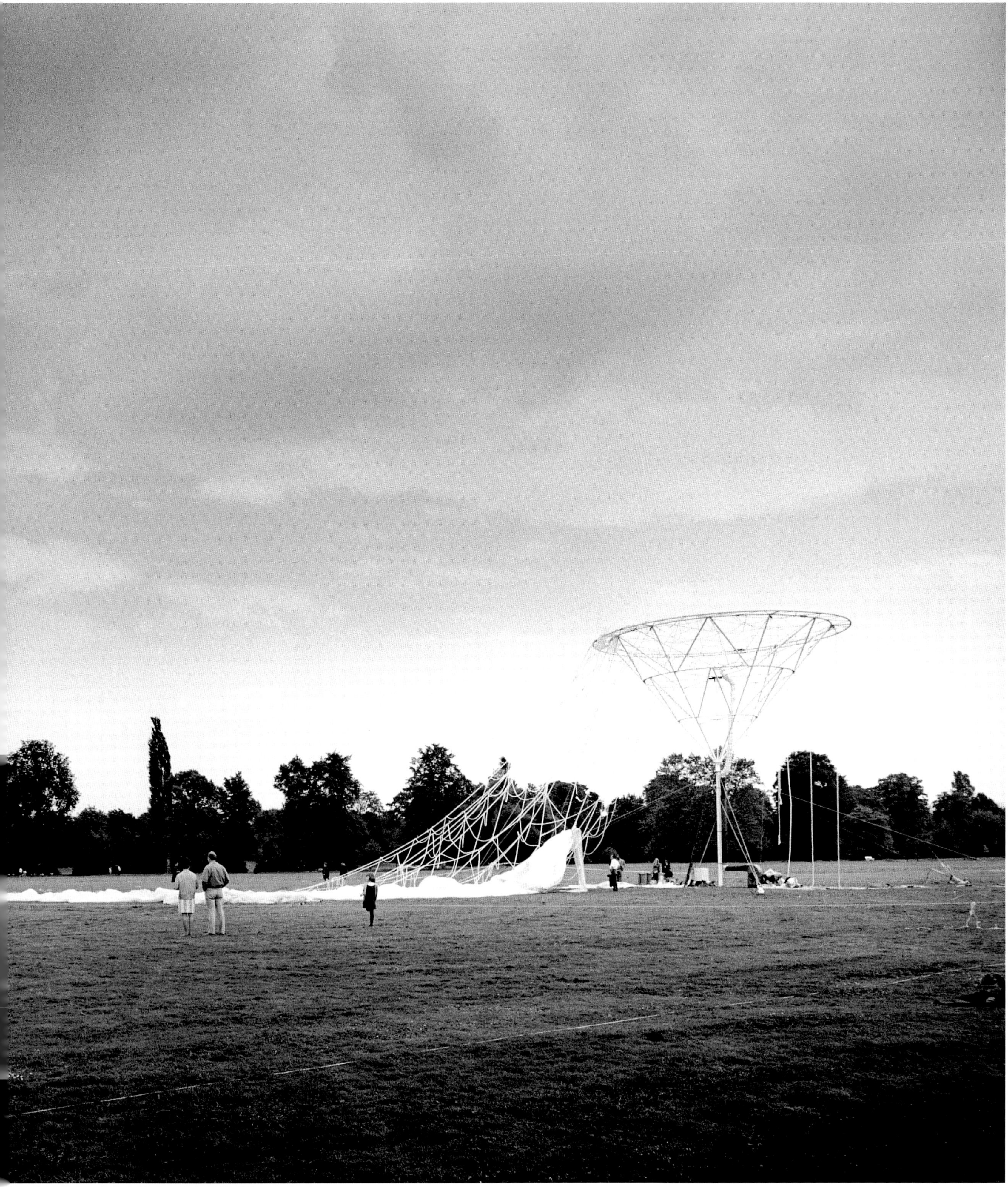

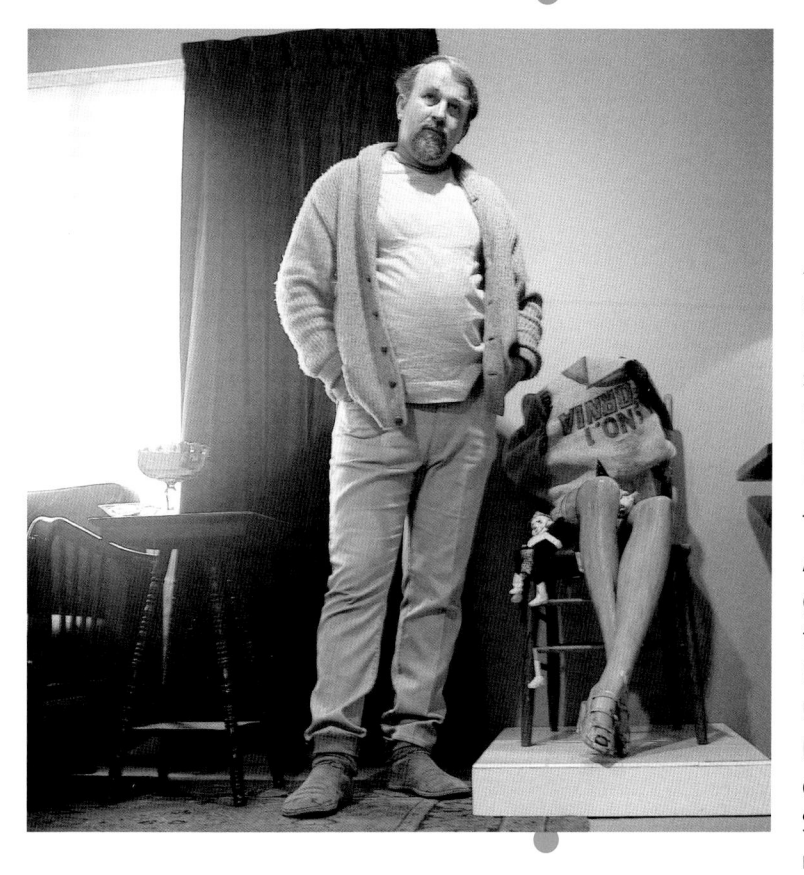

Edward Kienholz, 1968, geboren 1927 in Fairfield Washington, gestorben 1994 in Hope, Idaho.
documenta IV, 27. Juni bis 6. Oktober 1968, Kassel, «Roxy's 1960/61 Ambiente».
Durch das Aufstellen und Bearbeiten von trivialen Einrichtungsgegenständen eroberte Kienholz einen außergewöhnlichen Sehbereich – faszinierend. Er definierte den Kitsch neu. (Archiv-Nr. 3)

César Baldaccini, geboren 1921 in Marseille, gestorben 1998 in Paris.
documenta IV, 27. Juni bis 6. Oktober 1968, Kassel, «Daumen Plastik».
(Archiv-Nr. 6)

Als Sitz diente mir ein abgeschnittener Elefantenfuß – nachträglich betrachtet, nicht sehr geschmackvoll. Besonders in Szene setzte sich Herbert von Karajan vor mir, den ich für *Vogue* in Berlin besuchte. Das Treffen hatte mein damaliger Agent Michel Würthle, der übrigens eineinhalb Jahre in Berlin für mich arbeitete, eingefädelt. Leider erfolglos, denn so wie Karajan zeit seines Lebens die Musik arrangierte und ihm da eigentlich nur wenige je auf die Schliche kamen, so erklärte er mir in mehreren Terminen stundenlang vorsorglich, dass er seinem Ruf als bestangezogener Mann der Welt gerecht werden und darum eben das Drumherum bei den Aufnahmen stimmen müsse. Monatelang fanden wir kein geeignetes Motiv für Herrn von Karajan, sodass ich ihn nicht fotografiert habe. Worüber ich eigentlich nicht unglücklich bin, weil seine grenzenlose Eitelkeit wirklich jedem Bild hinten und vorne hinderlich gewesen wäre. Auf solche Umstandskrämereien fielen aber die Leute reihenweise herein. Und wenn man's genau nimmt, ist nicht sein «göttlicher» Sound nur deshalb als so genial gepriesen, weil er die alten Meister entweder zu langsam oder zu schnell dirigierte?

Wir, Michel und ich, waren damals das erste Mal in Berlin. Die abgemauerte, isolierte Stadt war beklemmend. Michel hat offensichtlich trotzdem an Berlin Gefallen gefunden und Jahre später die einzigartige Paris Bar als neues, fernes Büro eröffnet.

Um mein eigenes Fotostudio betreiben zu können, hätte ich Fotografenmeister sein müssen, was ich aber nicht war. Für die Meisterprüfung reichte meine Zeit nie aus, also half mir meine Assistentin Rosi Jansz mit ihrem

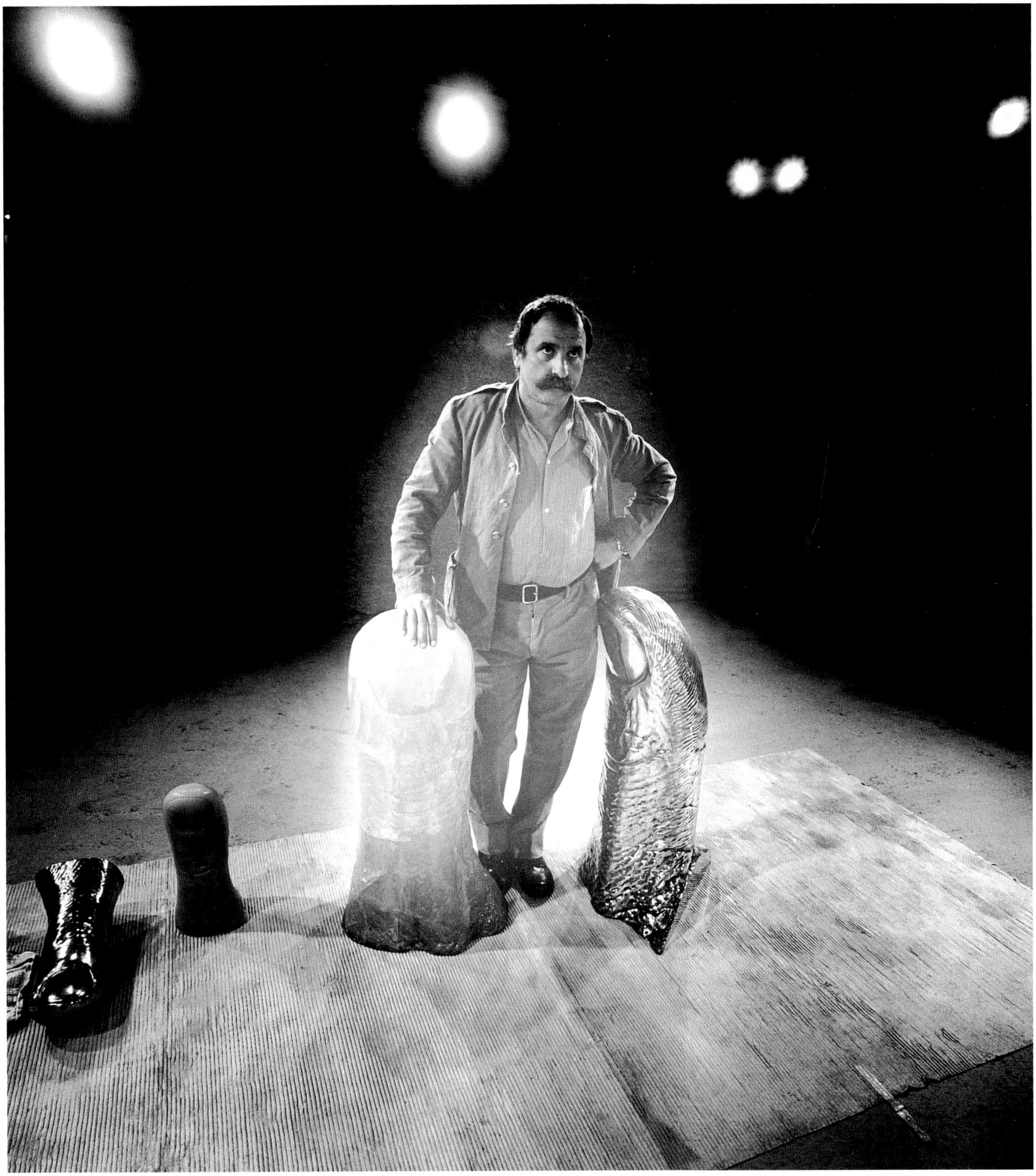

Dan Flavin, geboren 1933 in New York, gestorben 1996 in Riverhead, New York.
documenta IV, 27. Juni bis 6. Oktober 1968, Kassel, «Raum der Ausstellung» – Minimal Art! (Archiv-Nr. 7)

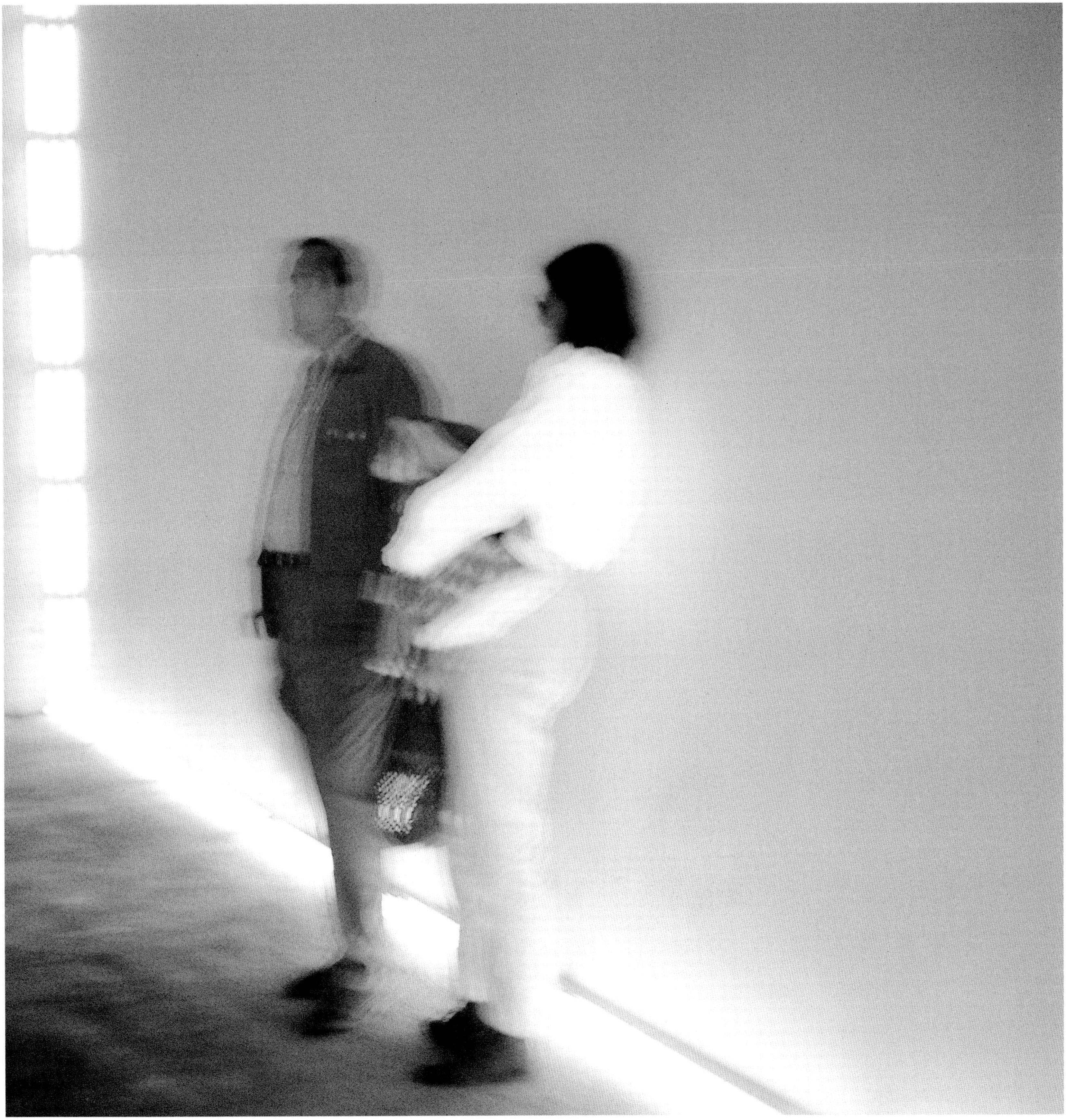

Meisterbrief aus, bis ich meinen nach einer Pro-forma-Prüfung bekam. Rosi hielt es dann ganze 25 Jahre, zunächst als Foto-Assistentin, dann als Kamera-Assistentin für den Film, mit mir aus. Sie begleitete mich auf meinen unzähligen Reisen und ertrug mit der ihr eigenen stoischen Ruhe selbst meine lästigste Angewohnheit: Am Ende eines jeden Shootings rief ich: «Rosi, Reaktionstest, fang!!» und warf ihr zuerst meine Fotokamera und später meine Filmkamera zu. Rosi fing sie alle immer auf, bis auf einmal. Da verweigerte sie den Reaktionstest, und die Arriflex krachte auf den Boden. Rosi ist heute in ihrer wohlverdienten Pension und erholt sich von den Strapazen. Dennoch war es wieder Rosi, die all die Tausenden Dias und Negative für dieses Buch durchforstete ...

Mein erstes Atelier eröffnete ich mit Erlaubnis meiner Eltern zu Hause in der Canovagasse. Mein Fenster schaute direkt auf das große Fenster des Dirigentenzimmers im Musikverein – Luftlinie ca. 13 Meter. So kam es, dass ich den bedeutenden Dirigenten Knappertsbusch, Furtwängler, Mitropoulos, Böhm und last but not least Herbert von Karajan beim Frackanziehen zuschauen konnte.
Als Fotograf begegnete ich später dann sowieso Gott und der Welt. Nach der Canovagasse bezog ich 1966 ein Atelier in Wien Hietzing, dann wechselte ich 1969 nach Mailand. Als Fotoreporter hatte ich in jungen Jahren schon alles erreicht, was mir interessant erschien, also verlegte ich mich bald auf die Mode- und Werbefotografie, übrigens eine Arbeit, die weniger mit Gefühl als vielmehr mit dem «Gewusst-Wie-Wo-Wann» und Zeittrends zu tun hat. Nicht zu vergessen die Fototechnik, die sich ja, wie wir alle wissen, auf die Wahl der Optik und die Belichtungszeit sowie das Einstellen der Schärfe – bis es auch tatsächlich scharf ist – auf den richtigen Punkt reduziert. Es war damals die Zeit der Fotografen, die Zeit des Blow-up, ganz nach dem berühmten Film *Blow-up*. Das heißt, jeder der nur einen Fotoapparat halten und seine Bilder irgendwie verkaufen konnte, sodass sie veröffentlicht wurden, war ein

George Segal, 1968, geboren 1924 in New York, gestorben 2000 in Brunswick, New Jersey.
documenta IV, 27. Juni bis 6. Oktober 1968, Kassel, «Woman Washing Her Feet in a Sink».
Segal hatte seinen Raum mit Gipsfiguren fertig aufgepackt und sorgfältig noch einen künstlerischen Schmutzhaufen auf dem Fußboden in einer Ecke gestaltet. Ich stellte mich mit meiner Kamera in Position und wartete auf die Putzfrau, die am Abend immer die Kojen reinigte. Aber Segal hatte einen «Schutzengel», es geschah nichts. Fast 10 Jahre musste ich dann auf das Schmutzwegputzen warten. Dann passierte es bei Beuys und seinem Fett in der Badewanne, das vom Putztrupp gründlich entfernt wurde.
(Archiv-Nr. 8)

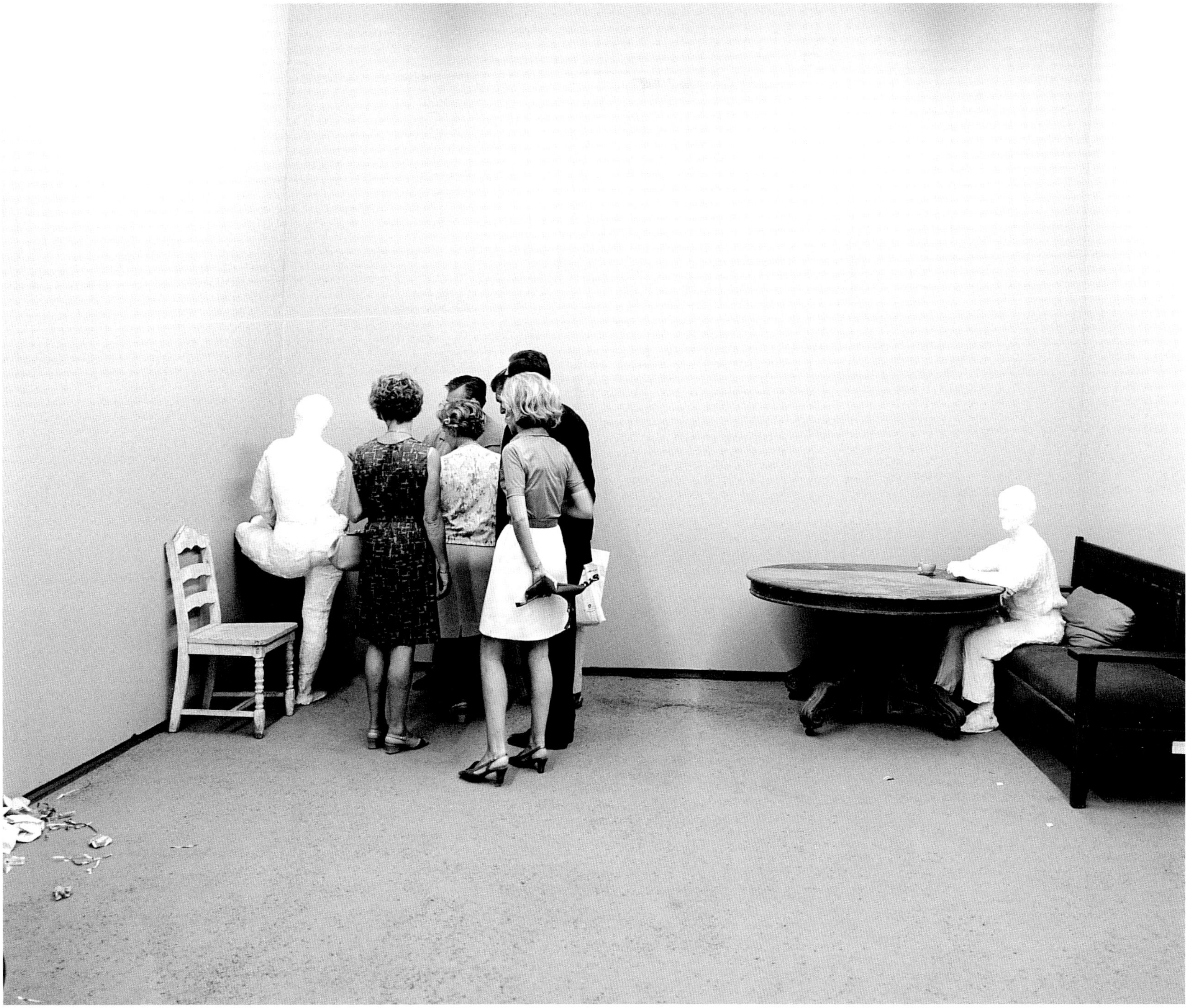

Selbstporträt als Chef, 1968, dem Zeitgeist entsprechend, mit Stetson-Hut, Rohseiden-Krawatte von Daimler & Graf, gestreiftem Anzug aus der Carnaby Street – alles zusammen mit Franzi (später André) Heller eingekauft. (Archiv-Nr. 43)

berühmter, großer Fotograf. Also war ich auch berühmt, dank der Gunst der Stunde. Chris Keprda war das erste Fotomodell, das ich fotografierte. Wir waren beide Amateure und gaben einander gute Tipps, sie mir mehr als ich ihr. Es half z. B. gar nichts, wenn ich ihr sagte: «Chris, bitte streck die Brust mehr heraus!» Später wurde sie als Chris Lohner Fernsehsprecherin und immer nur von vorne aufgenommen. Heute ist sie erfolgreiche Autorin.

Mein Vorbild war Ernst Haas, der weltberühmte Fotograf, den ich schon als Kind kennen gelernt hatte, weil er zum Bekanntenkreis meiner Eltern zählte, und den ich auch schon 1966 in New York in der 6th Avenue besuchte. Außer ihm lernte ich eigentlich keinen berühmten Fotografen je kennen, wenn man von meinen Fotoreporter-Kollegen absieht. Aber das war etwas anderes. Ernst Haas war ein toller Bursche und ein wirklich großer Künstler. Immerhin war er nach Lartigue der Erfinder der Bewegungsunschärfe in der Fotografie – übrigens oft nachgemacht und nie erreicht.

Ich für meinen Teil interessierte mich für die Technik nur so wenig, dass ich mich eigentlich jedes Mal wunderte, wenn ein Bild scharf und richtig belichtet war. Gott sei Dank fotografierte man zu meiner Zeit noch zum Großteil schwarzweiß, weil mit der Farbfotografie hatte ich sowieso mein «G'frett». Rückblickend war es eine Gnade, dass Michel Würthle für mich als Agent arbeitete, bzw. dass ich das Objekt sein durfte, das er geruhte anzubieten. Durch ihn nämlich lernte ich alle die Künstler jener Zeit kennen, und weil sie die Art mochten, wie ich mir die Sachen herrichtete, um sie dann zu fotografieren, wurde ich so als

Der «zweimalige» Skrein-Tisch von Designer Ernst Graf, 1968. Zwei Tische wurden in Einzelanfertigung hergestellt, den einen davon besitze ich, den anderen Jeannette Handler. Wenn man die Tische zusammenstellt, haben sie die Form eines Schmetterlings. (Archiv-Nr. 44)

48

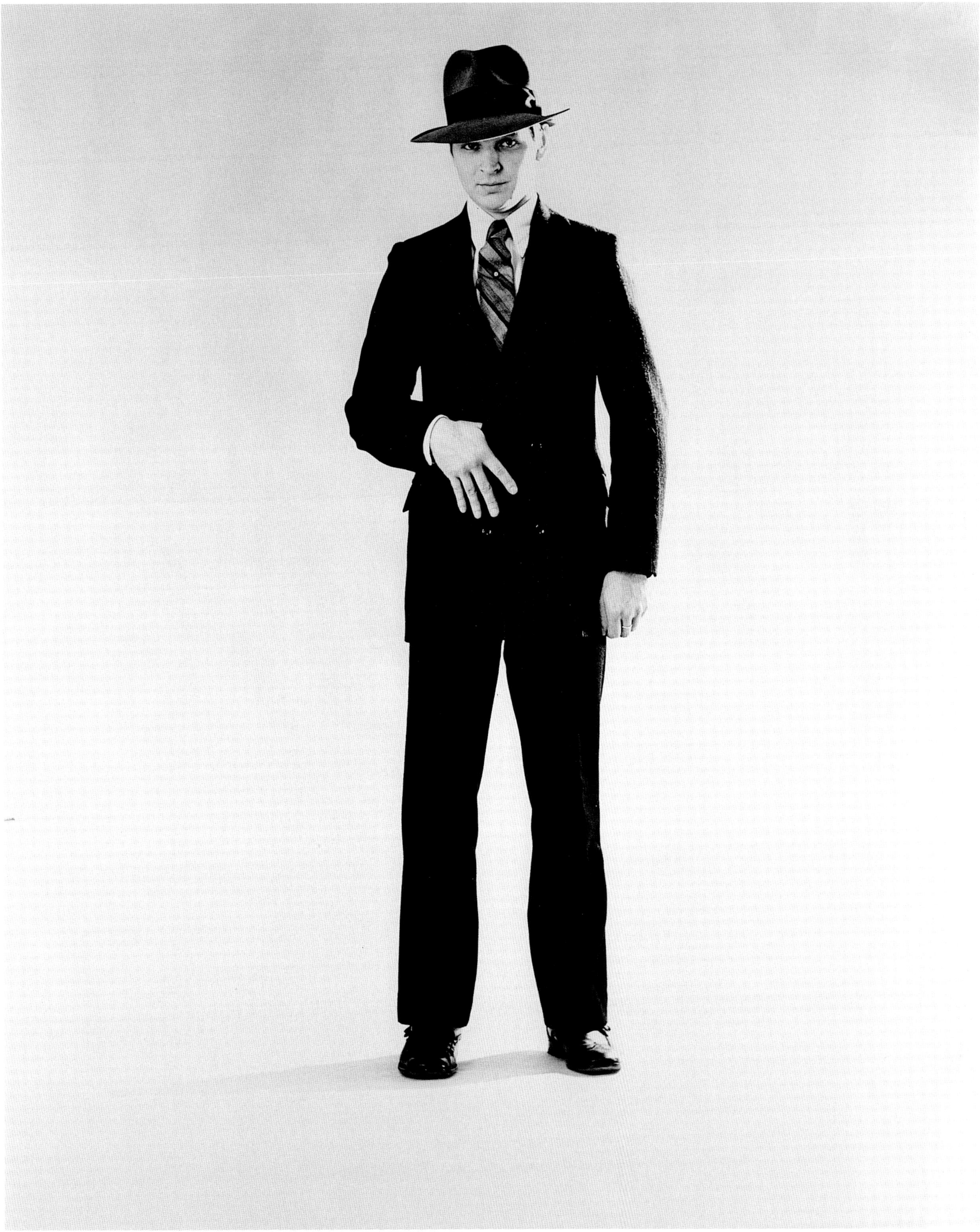

Die Beatles in Obertauern, Salzburg, 1968.
Paul McCartney vor dem Fenster, verkehrt sitzend John Lennon, Ringo Starr (mit der Kappe) und an der Wand George Harrison. Diese Privataufnahme entstand zufällig in Obertauern, als ich nach Drehschluss des Films Help noch mit den vieren zusammensaß. Die Beatles spielten oft das «Loser-Winner»-Spiel. Ich habe es bis heute im Kopf und spiele es immer noch nach den damaligen Regeln. Es kommt einer herein, man lernt jemanden kennen, man sieht einen Menschen und denkt einfach «Loser» oder «Winner». Da man nur zwei Möglichkeiten hat, ist einer ein «Loser» oder ein «Winner». Ganz interessante Perspektiven entstehen, wenn man die Leute dann nach Jahren wieder trifft – als «Loser» oder «Winner». Das ist der Witz des Spieles. (Archiv-Nr. 47)

«Wir nicht»-Plakat, 1968, gehalten von Ernst Graf.
Dieses Plakat steht für die Gesinnungsgenossen und wurde oft veröffentlicht, z. B. auch als Postkarte des Museums für angewandte Kunst. Ich habe diese Aufnahme mit den vorhandenen Atelierstühlen fotografiert. Von links nach rechts: Dominik Steiger, Kurt Kalb, Walter Pichler, Christian Ludwig Attersee, Ernst Graf, Oswald Wiener, Ingrid Schuppan. Als geistige Vorlage hatte ich die oben stehende Aufnahme der Beatles vor Augen und lauter «Winner». (Archiv-Nr. 46)

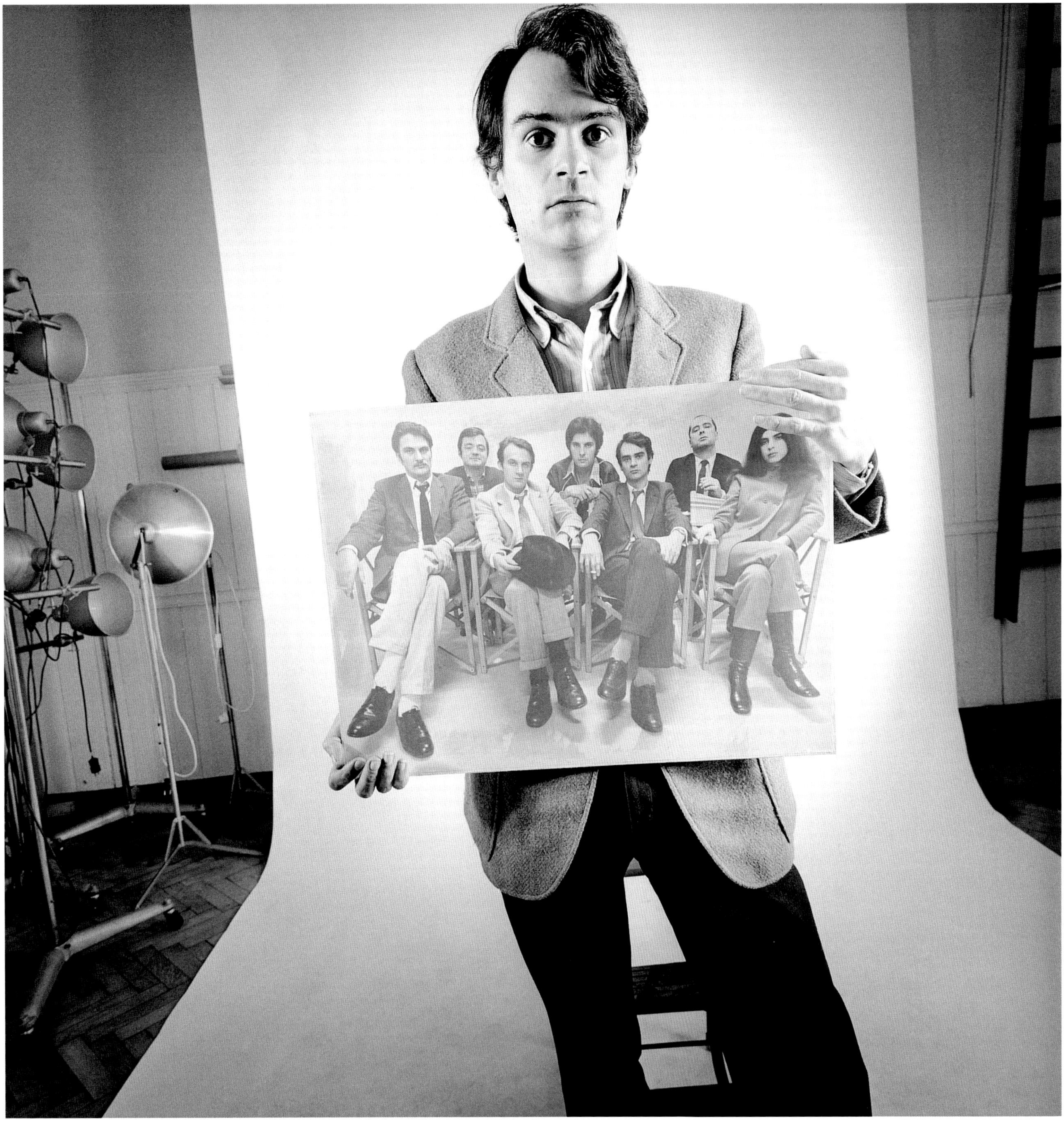

«Wir nicht», 1968, stehende Version. Von links nach rechts: Walter Pichler, Ernst Graf, Ingrid Schuppan, Oswald Wiener, Christian Ludwig Attersee, Kurt Kalb, Dominik Steiger. (Archiv-Nr. 48)

«Wir nicht», 1968, Weitwinkelversion, Hasselblad-Verywide 40 mm. Ein Teil des Fotos wurde später auch von Attersee bemalt. Außen von links vorne im Uhrzeigersinn: Oswald Wiener, Ernst Graf, Ingrid Schuppan, Dominik Steiger, Walter Pichler, Christian Ludwig Attersee, in der Mitte Kurt Kalb. (Archiv-Nr. 49)

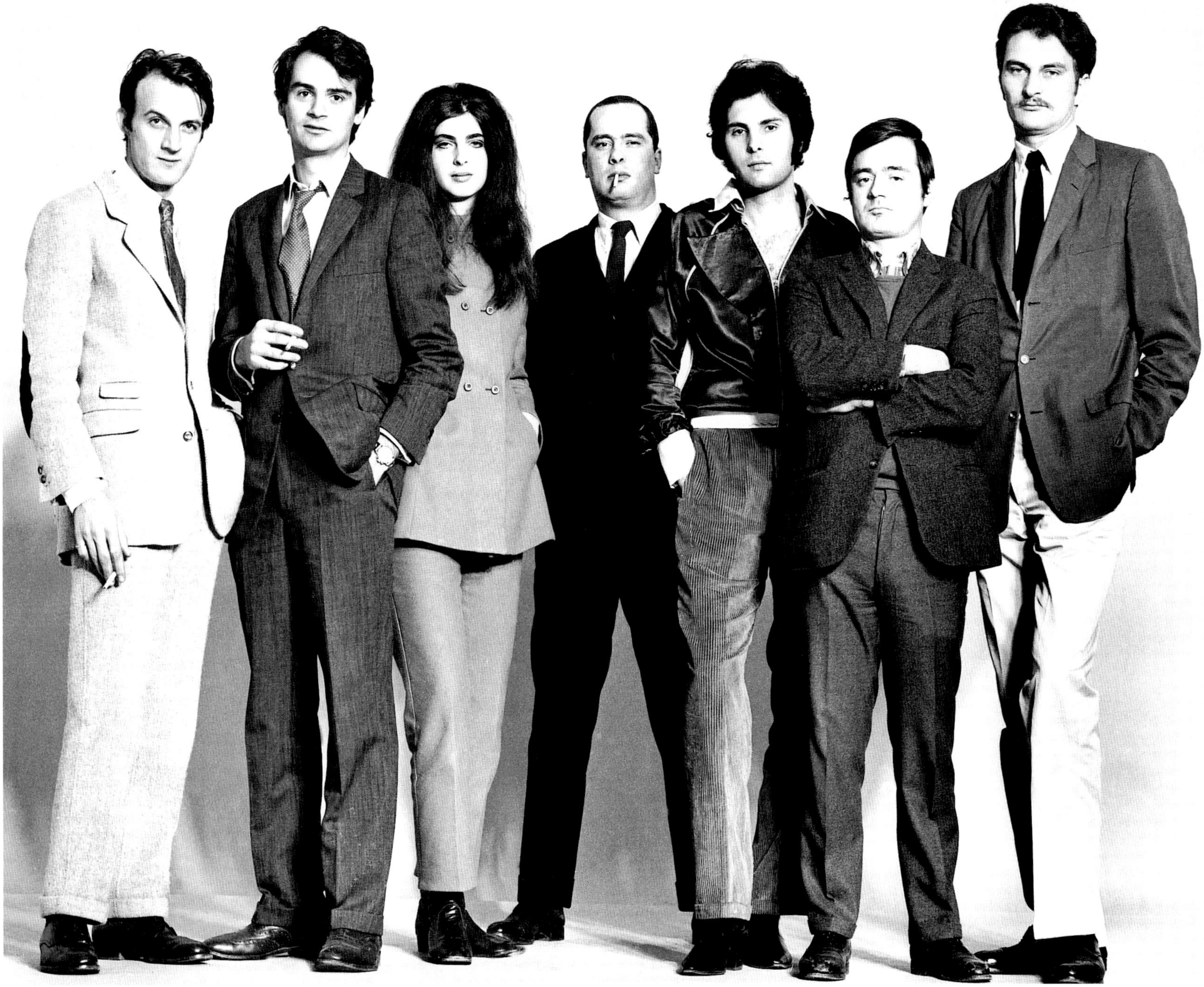

«Der schöne Attersee», 1968, Christian Ludwig Attersee, Maler, geboren 1940 in Pressburg. (Archiv-Nr. 15)

Christian Ludwig Attersee, 1968, Kontaktabzüge auf Fotopapier, die er sich gerne selbst von meinen Negativen beim Fotogeschäft ums Eck machen ließ. (Archiv-Nr. 16)

fünftes Rad am Wagen in die Gruppe aufgenommen. Dies hat mir auch Kurti Kalb, dozierend und sehr «sophisticated», immer wieder gesagt. Ich verstand die Botschaft und war froh, dass ich dabei war und die Herrschaften – die dankbarsten Motive, die es damals auf dem Künstlersektor gab – fotografieren durfte. Auf diese Art kam ich so nebenbei zu einer Bildersammlung – nicht ganz billig, aber doch noch günstig, weil ja die Freunde zur damaligen Zeit noch nicht wirklich als bekannt gelten konnten.

Kurti Kalb war ja zu der Zeit Kunsthändler, der hauptsächlich Jahrhundertwendekunst, also Kitsch und ein bisschen etwas Besseres, tonnenweise nach Amerika exportierte und auch sonst en bloc verkaufte. Seine Galerie, die mehr einer Rumpelkammer als einer Galerie glich, nur einer Rumpelkammer mit Hunderten bzw.

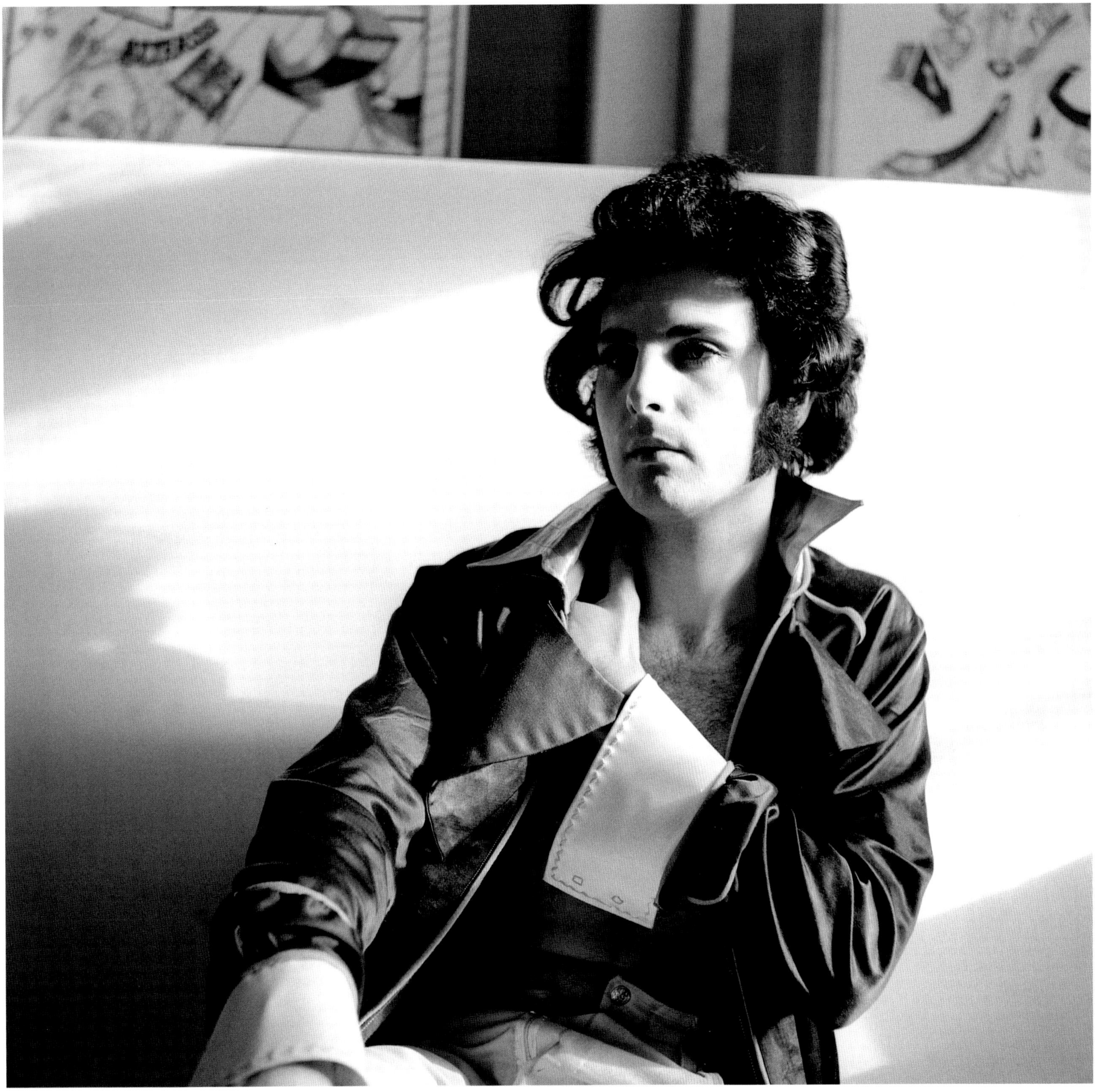

Tausenden Ölgemälden, befand sich in einem Kuppelraum im linken Seitentrakt des Palais Schwarzenberg. Eines Tages holte ich ihn von dort ab, weil er keinen Führerschein besaß und, wie schon gesagt, der einzige von uns war, der noch mit dem «Handwagerl» fuhr. Als ich den Raum betrat, links und rechts Bilder, alles düster, kam in der Mitte des Raums wie in einem Hitchcock-Film auf mich zu – Kurti Kalb in einem Rollstuhl. Mir fiel fast das Herz in die Hose vor lauter Schreck. «Und jetzt gehen wir», sagte er, ohne lange Erklärungen, «zu den wichtigsten Künstlern Österreichs und dem größten Literaten deutscher Zunge.» Damit meinte er übrigens Ossi Wiener, der in unserem Sinne supplementär als Statussymbol zum bereits verstorbenen Konrad Bayer dichtete. Mich faszinierte dieser Auftritt so, dass ich ihm den Thonet-Rollstuhl abkaufte und dann bei mir im Atelier in der Lainzer Straße in Wien Hietzing auf dieselbe Art immer meine Werbekunden erschreckte, die dann nie wussten, wie sie sich verhalten sollten, egal ob sie mich vorher schon einmal wie Rumpelstilzchen herumspringen, zum Beispiel bei Aufnahmen am Set, oder ob sie mich überhaupt noch nie gesehen hatten. Der Thonet-Rollstuhl ist dann zu einer regelrechten Trademark geworden (siehe auch Bild auf Seite 90: Ariane Glatz im Thonet-Rollstuhl). Mit meiner lieben ersten Frau, Jeannette Vartian, nahm ich Mitte der 60er-Jahre, da waren wir noch gar nicht verheiratet, am berühmten Zockfest teil, inmitten eines kleinen, eingeweihten und erlauchten Kreises. Man ließ mich wissen, dieses Zockfest sei etwas ganz Besonderes. Ich schnappte die Rollei-Flex mit nur einem Schwarzweiß-Film und machte mich auf den Weg.

Der Raum, in den ich schlussendlich kam, war fürchterlich dunkel. Und ich hatte mein ganzes Leben noch nie geblitzt – nicht zu blitzen war eine Sache meiner Fotografenehre, weil es immer hieß, nur Scharlatane und Amateure blitzten und wer ein Blitzlicht verwendete, könnte nicht für *Life* oder *Paris Match* fotografieren. Ich kam also in ein undurchsichtiges Dunkel, Gott sei Dank, denn es lief gerade eine frühe Aktion von Hermann Nitsch ab, der damals noch schlank war: Ein frisch geschlachtetes, noch blutiges Schaf fuhr auf einem Seil

Attersee-Plakat, 1968:
C. L. A. mit seinem Rhesusäffchen und Banane, in originalem Texashemd. «Affe», schrie er immer, «kleiner böser Affe!!», wenn ihm das Äffchen im Atelier entwischte und meine Rosi (die Assistentin) es dann wieder einfangen musste. Dies gelang am besten mit der Banane, die der Einfachheit halber schlicht mitfotografiert wurde. (Archiv-Nr. 18)

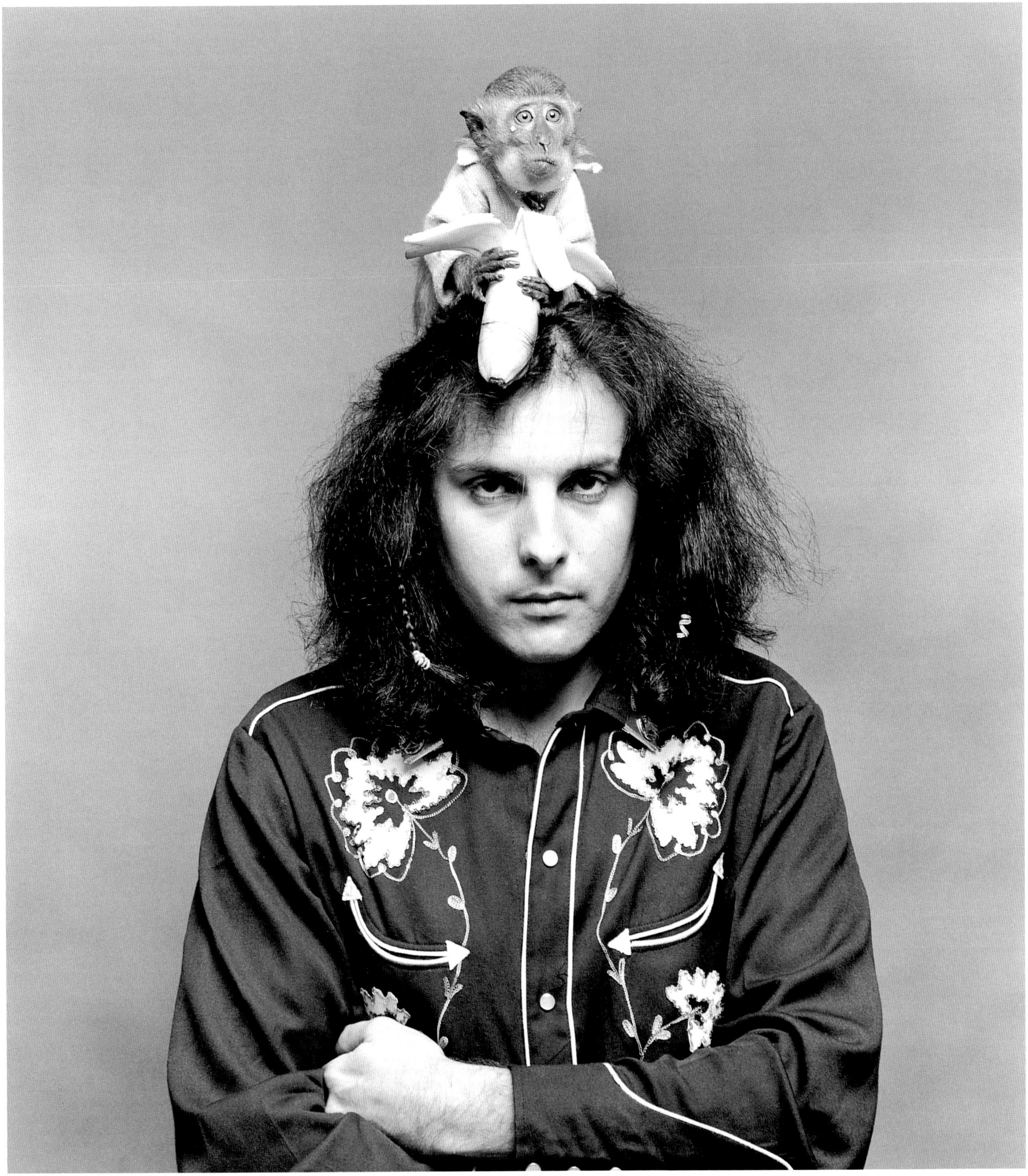

Robert Klemmer, 1969, Maler, geboren 1938 in Rappoltschlag in Niederösterreich, gestorben 1971 in Wien. Der von Coop Himmelblau fabrizierte aufblasbare Sturzhelm, den er hier trägt, nützte ihm nichts. Er kam einige Zeit später tragisch bei einer hausgemachten Gasexplosion in der Mariahilfer Straße ums Leben.
(Archiv-Nr. 39)

Christian Ludwig Attersee, 1968, Farbdia.
6 x 6, Abendparty, C. L. A. in seinem Atelier in der Boltzmanngasse in Wien IX.
(Archiv-Nr. 17)

wie eine Gondel durch den kleinen Saal auf die Bühne. Anschließend las Reinhard Priessnitz etwas – Konrad Bayer war ja schon tot –, dann veranstaltete Christian Ludwig Attersee sein erstes Happening, indem er einen bühnengroßen Luftballon aufzublasen versuchte, auf dem so recht und schlecht Wunderkerzen brannten. Pahdi Frieberger nähte mir danach noch die berühmte Zockkappe zur Erinnerung an das Zockfest, so eine typische Hundertwasser-Stirnkappe mit einem Etikett innen, auf dem Pahdi mit der Hand «Zock» darauf schrieb. Das war's. Die Kappe habe ich noch. Dafür sind die Negative und Abzüge der Zockfest-Fotos verschollen, sodass ich sie in diesem Buch auch nicht präsentieren kann. Sowieso ein Glück im Unglück, denn sie waren stark unterbelichtet.

Etwas Ähnliches passierte mir bei der legendären «Uni-Scheißerei» oder «Uni-Orgie» (die Aktion hieß eigentlich

Zock-Zeichnen in der von Pahdi Frieberger handgenähten orangefarbenen Kappe.
(Archiv-Nr. 148)
Rechts: Christian Skrein mit der Zockkappe (siehe Seite 124).

58

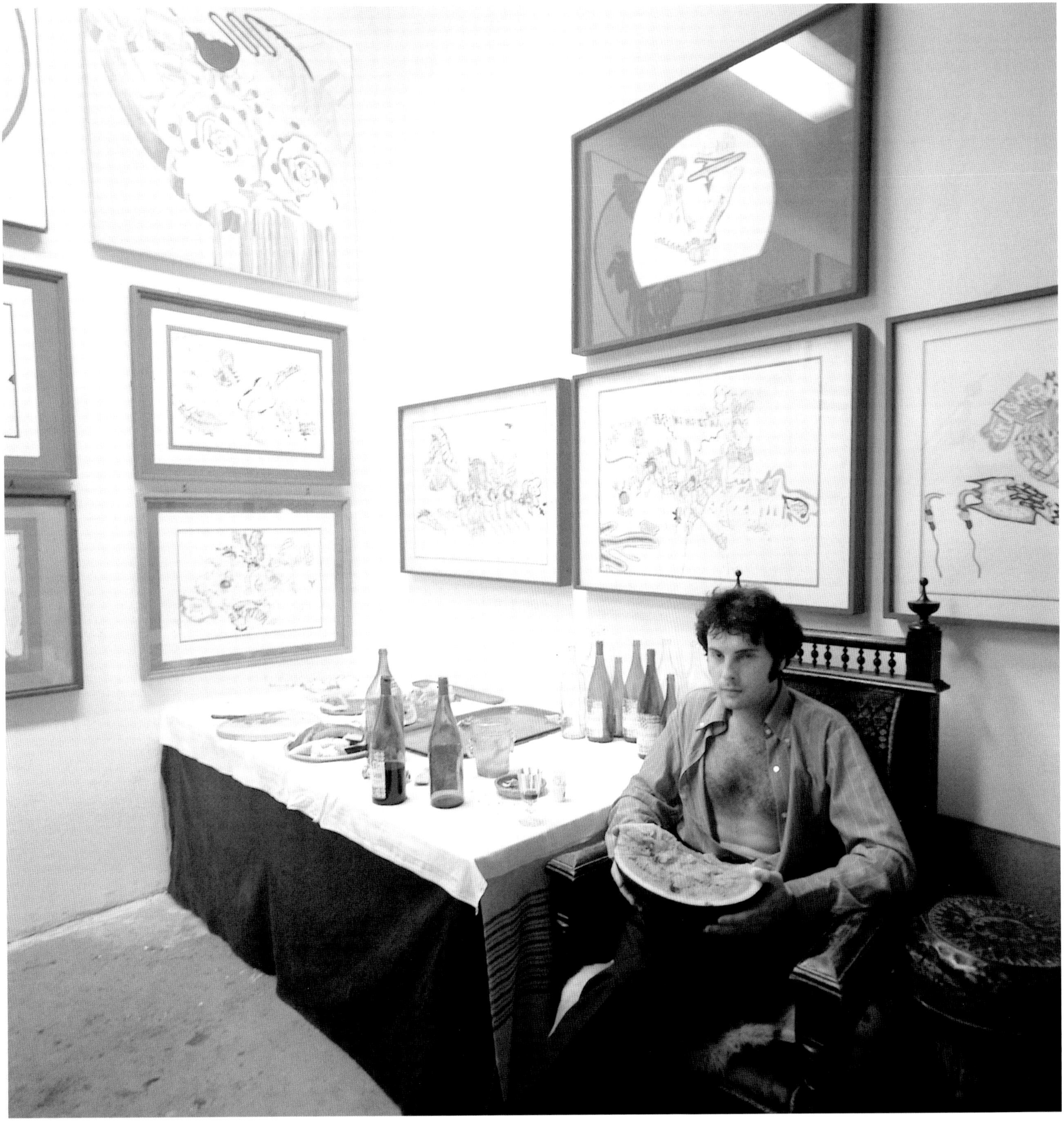

«Kunst und Revolution») im Hörsaal 1 des Neuen Institutsgebäudes der Wiener Universität, am 7. Juni 1968, mit den Hauptakteuren Otto Mühl, Oswald Wiener und Günter Brus, die damals verhaftet wurden. Zu der Gelegenheit hatte ich nicht nur einen schlechten Platz, denn dort drängten sich – ein Jahr nach dem Zockfest – schon eine Menge Leute, die alle auf den richtigen Moment warteten, an dem das Würstel rauskam. Und dann stank es so, dass ich mit der Hand unwillkürlich zur Nase fuhr und aufs Fotografieren vergaß.

Im Jahre 1968, ich hatte es schon zu einem Alfa Romeo gebracht, fuhren wir dann zur documenta IV nach Kassel: Walter Pichler, Ernst Graf und, wenn ich mich richtig erinnere, Ingrid Schuppan. Der Alfa Romeo war übrigens nicht ganz standesgemäß, denn man hatte sich noch einen Rest von Existenzialismus bewahrt und war daher ein bisschen kommunistisch angehaucht, eben ein richtiger «68er». Wenn man schon Luxusgüter benützte, dann musste man sich zumindest in kurzen Abständen negativ über dieselben äußern. Diese Regel befolgten wir auch, besonders Walter Pichler.

Da wir – wie alle jungen Leute – immer zu spät dran waren, raste ich mit Höchstgeschwindigkeit 180–190 Stundenkilometer dahin, leider Gottes auf der falschen Autobahnseite. Als plötzlich ein Mercedes 190 direkt auf uns zuschoss, riss ich wild das Steuer herum und konnte durch diesen Schlenker mit knapper Not ausweichen. Viel Glück gehabt, muss man sagen, vor allem, weil ich in einem spontanen Reflex der Nachwelt den zynischen Walter Pichler erhalten habe. Ich vergaß übrigens zu erwähnen, dass wir damals auch den berühmten «Kleinen Raum» mit an Bord hatten. Er war dann bei der documenta eine Sensation und das Lieblingsmotiv der Presse.

1966 heirateten Jeannette und ich schließlich. Die Hochzeitsreise ging nach New York. Die Welt war damals noch groß und eine Flugreise nach New York eine weltbewegende Sache. Dort in New York, im Museum of Modern Art, fand tatsächlich eine Ausstellung von

Oswald Wiener, Schriftsteller, geboren 1935 in Wien. Ab 1954 erste literarische Versuche, Mitglied der avantgardistischen Autorenvereinigung «Wiener Gruppe». Veröffentlichte 1969 den Roman die verbesserung von mitteleuropa, der von Ludwig Wittgenstein beeinflusst ist. Seine sprachtheoretischen Untersuchungen stellen an den Leser hohe Anforderungen. Er war der unumstrittene Kopf der «Wiener Gruppe».
(Archiv-Nr. 19)

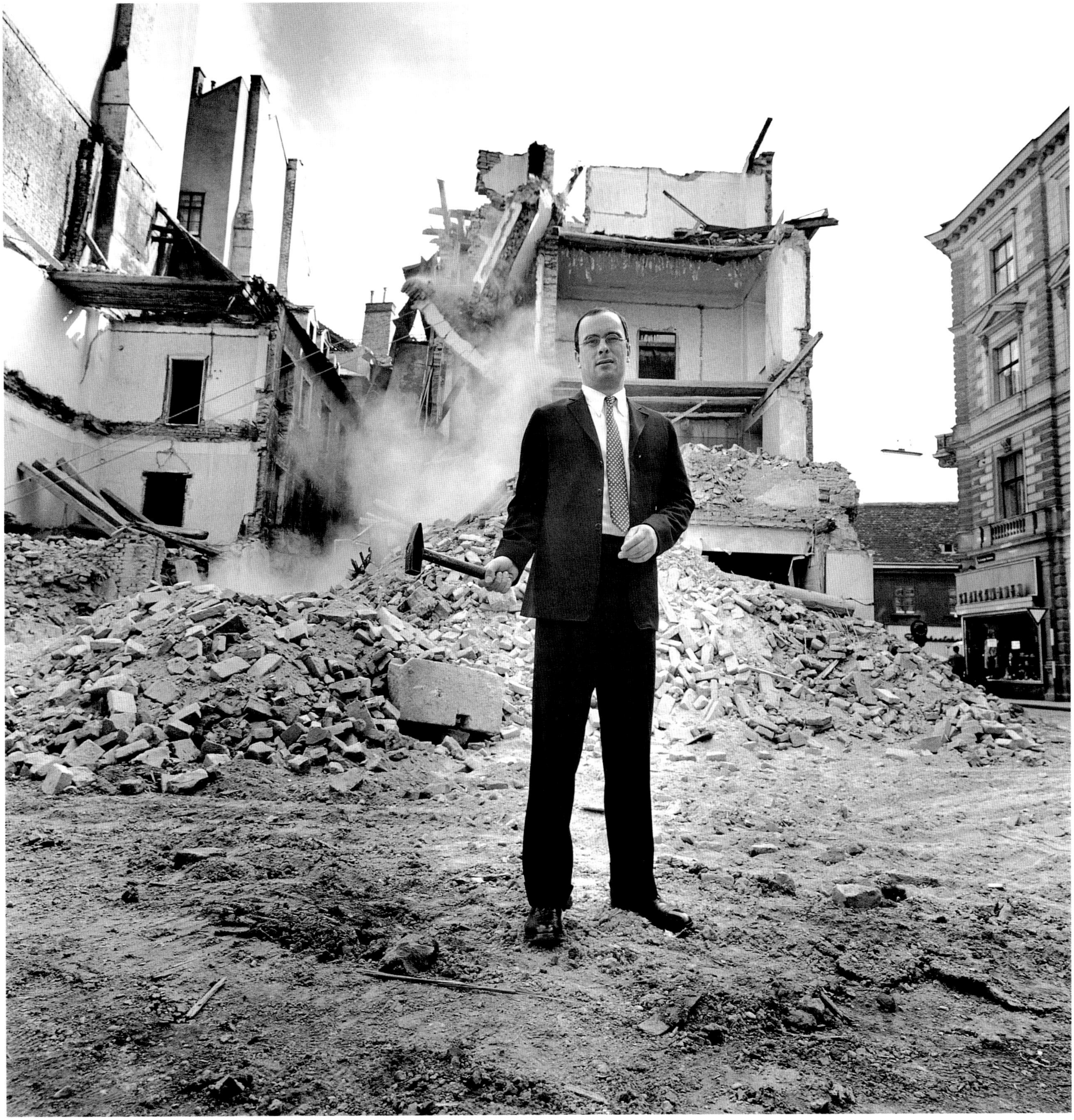

Hans Hollein, Architekt, 1968, geboren 1934 in Wien, mit der Österreich-Brille «Austrogialli». «Look at the world through the Austrian glasses», schrieb Hollein damals. Die Farbe der Brille war ein Transparent-Rot. Als ich fragte, wozu, erhielt ich die Antwort: «Die kannst du aufsetzen, herumtragen oder wegwerfen, wie den Stahlhelm.» Diese Beschreibung stand dann auch im Katalog der 14. Triennale di Milano 1968, die wegen der beginnenden Studentenunruhen nie eröffnet wurde. 68 war schon voll im Gang. (Archiv-Nr. 50)

Mailand, 1968, Eingangstür zum Österreich-Stand auf der Triennale di Milano. Jeannette Vartian-Skrein-Handler (3. von links), danach Hans Hollein und Franz Madl. Die anderen Herren sind Handwerker. Hans ist ein bewusster Visionär und Revolutionär, der gegen die geistlose Mittelmäßigkeit der Gegenwart und daher ein großes Vorbild ist. (Archiv-Nr. 51)

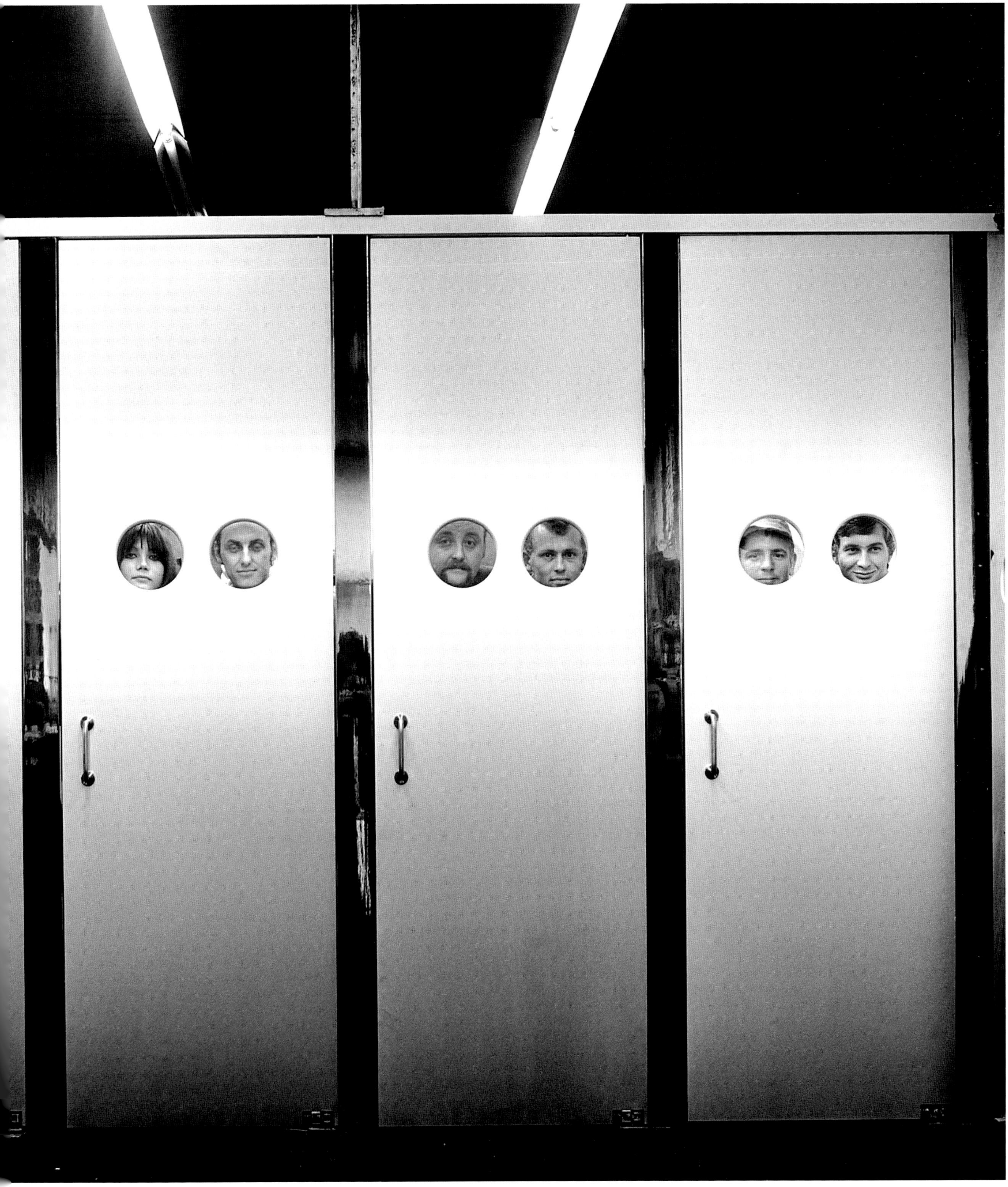

Österreichern statt: Hans Hollein, Walter Pichler und Raimund Abraham. Jeannette und ich waren gleichermaßen kunstbegeistert, und es war für uns eine Sensation, so weit weg von zu Hause eine Ausstellung von Künstlern, die wir kannten, besuchen zu können.

An dieser Stelle erinnere ich mich daran, wie ich mir als 14-Jähriger, frühreif, wie ich eben war, ein Menjou-Bärtchen auf die Oberlippe malte, um älter auszusehen, und dann in Fatty's Saloon von Fatty George am Petersplatz in Wien ging. Natürlich ohne etwas zu konsumieren und nur um irgendwo in einer Ecke zu stehen und dabei sein zu dürfen. Möglicherweise weil ich damals schon spürte, dass man «dort gewesen sein» musste, wie man in der Loos-Bar und im Strohkoffer «gewesen sein musste». Ernst Fuchs tanzte im Art Club so sensationell Boogie-Woogie, in einem ganz eigenen Wiener Stil, dass den Umstehenden einfach die Luft wegblieb. Er war der beste Boogie-Woogie-Tänzer seiner Zeit, das beherrschte er wirklich ausgezeichnet. Wie ich schon sagte: Der liebe Gott vergisst keinen, und glücklich der, der sein Talent gebraucht und es zur Schau tragen kann.

Aber zurück zum Museum of Modern Art und zur Ausstellung der Montagen von Hans Hollein und Walter Pichler: Es ist unvorstellbar, wie die beiden damals zusammen arbeiteten! Jeannette und ich waren unglaublich stolz. Es handelte sich zwar mehr oder minder um dieselbe Ausstellung, die bereits 1963 in der Galerie nächst St. Stephan in Wien gezeigt worden war, aber die Bildinhalte passten ideal in die Aufbruchstimmung, die damals in New York herrschte: Transformationen, wie zum Beispiel der «Flugzeugträger in der Landschaft» und die als Zeppelin schwebende «Zigarette in der Landschaft». Für mich war es ein Schlüsselerlebnis zu erfahren, wie Kunst an verschiedenen Orten eine unterschiedliche Wirkung entfaltet, und wie zukunftsweisend sie sein kann.
Im Keller des Museums stolperten wir gleich noch über eine Reihe seltenster Thonet-Möbel, permanente

Hans Hollein, 1968.
Hollein ist ein Clemens-Holzmeister-Schüler. Hier vor CM Boutique Christa Metek. Wichtig für die Zeit: innen alles Plastik, außen alles Nirosta und Glas. Und es musste Orange dabei sein. «Alles ist Architektur», antwortete Hollein immer, wenn man blöd «Warum?» fragte.
(Archiv-Nr. 53)

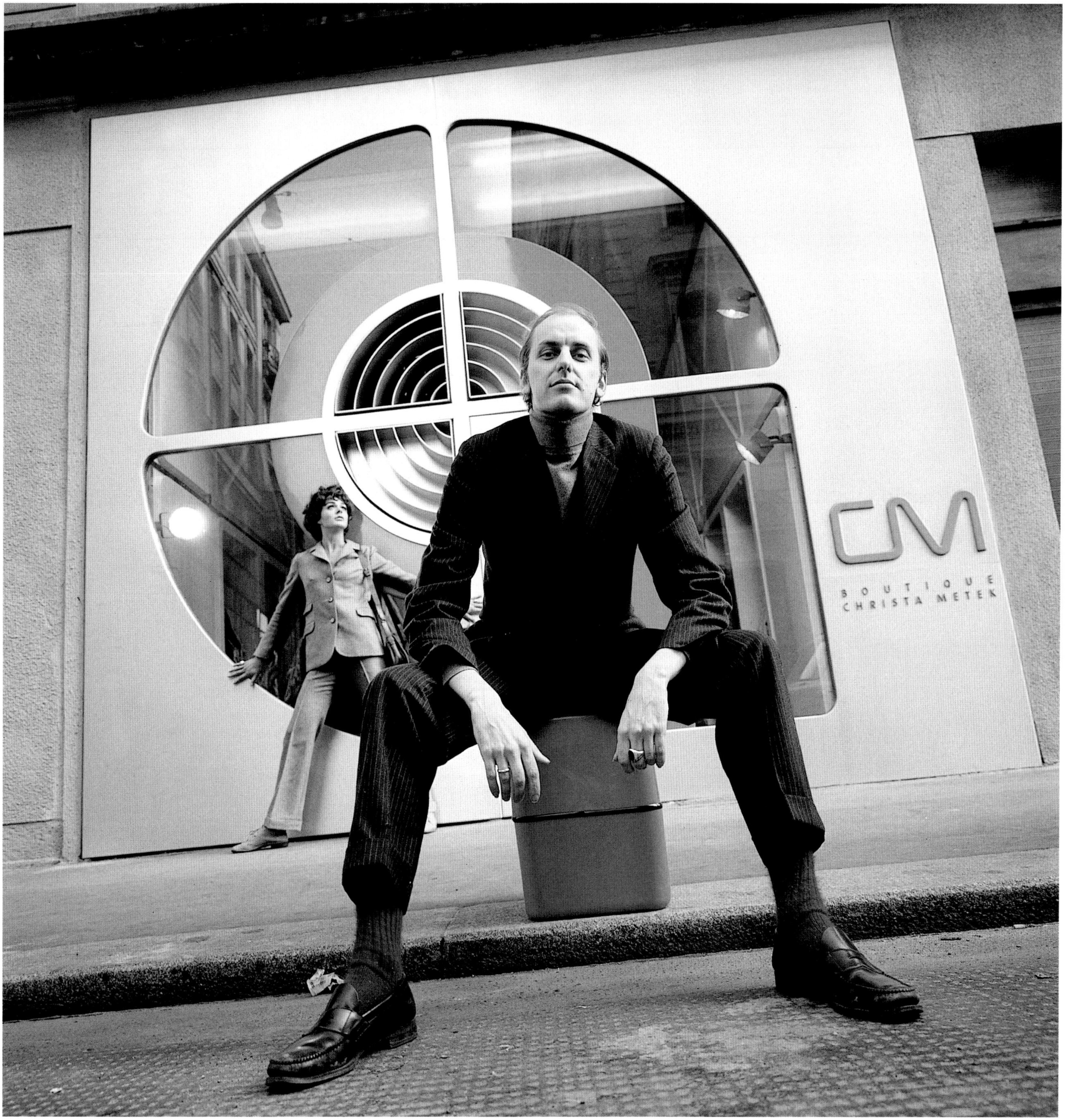
CM
BOUTIQUE
CHRISTA METEK

Vor dem Rehabilitationszentrum Meidling, 1968, Werbeaufnahme.
In der Mitte Gustav Peichl, der Architekt des Gebäudes, links Walter Pichler, der Designer der Stühle, und rechts Peter Noever, der damals sein Familienunternehmen R. Svoboda & Co. Möbelwerk leitete. Der von Walter Pichler entworfene Stuhl «Galaxy 1» wurden von der Firma Svoboda erzeugt.
(Archiv-Nr. 54)

Die Belüftungsanlage auf dem Dach des Rehabilitationszentrums Meidling von Gustav Peichl, 1968. Peichl: «Haben Sie das fotografiert? Das Bild von den Kugeln brauche ich unbedingt.» (Archiv-Nr. 55)

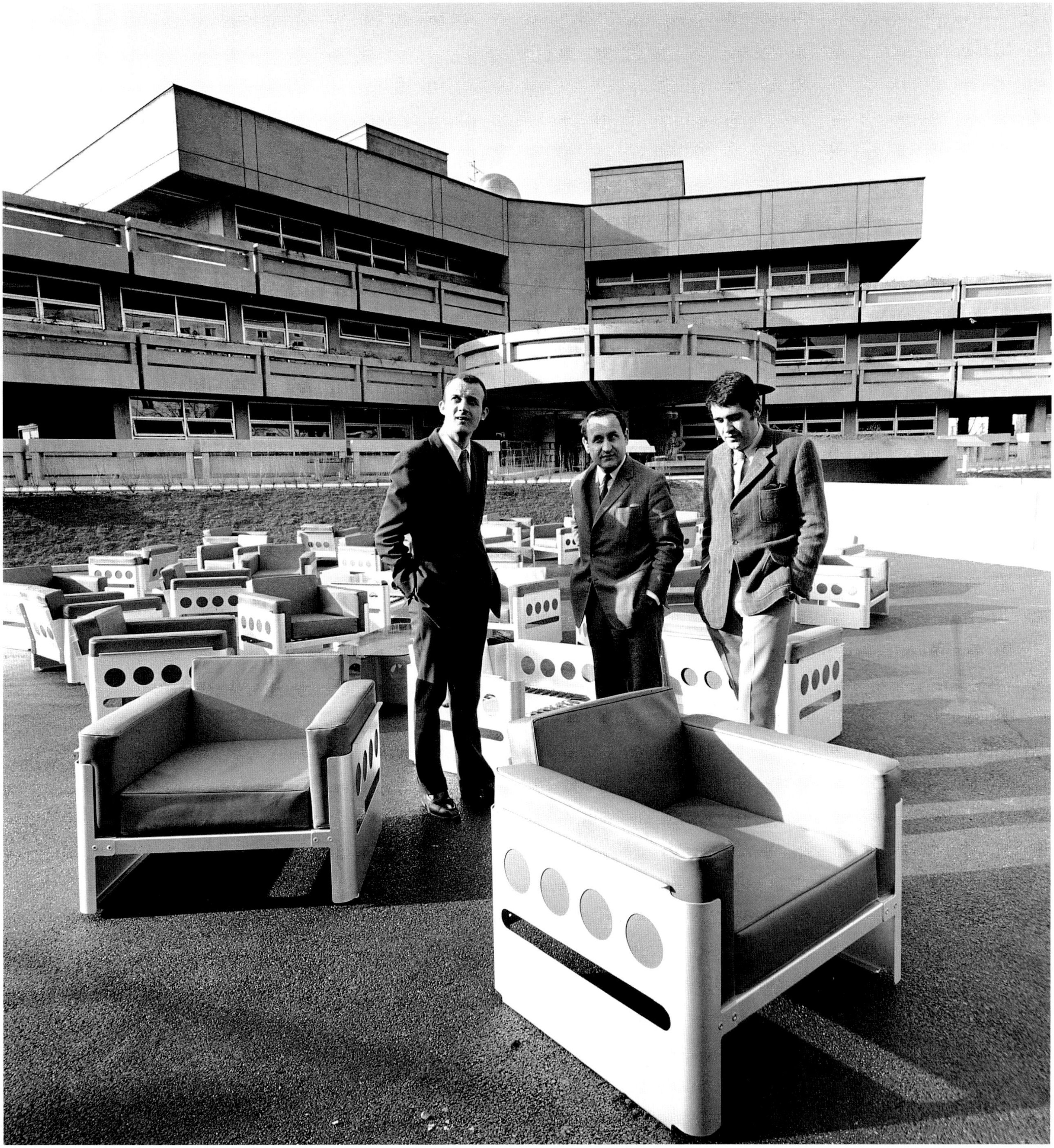

«Luft», 1968, Zulu in Swasiland mit Svobodair von Hans Hollein und Peter Noever. Werbefoto des Produktes «Svobodair» mit dem Inhalt Luft, was 1968 kein Verkaufshit war, da es nicht der Bedürfniskonformität entsprach. Der Konsument fand es nicht lustig, dass man Luft verkaufte, und die Symbolik dahinter verstand er schon gar nicht. Das Produkt wurde von Hans Hollein für die 14. Triennale di Milano kreiert: «Medium mit olfaktorischer Wirkung zur Bestimmung der Umwelt.» Ich meine, wenn man Wasser verkaufen kann, kann man auch Luft verkaufen. (Archiv-Nr. 57)

Peter Noever, 1968, geboren 1941 in Innsbruck, Design-Visionär und Gestalter, Kaufmann, Museumsdirektor, damals noch nicht verheiratet. Hier vor der Erdumlaufbahn des ersten russischen bemannten Raumflugs des Kosmonauten und Bauernsohns Juri Gagarin. Am 12. 4. 1961 erfüllte sich in Gagarin der Traum des Menschen vom Flug ins All. Gagarin stürzte leider im März 1968 bei einem Testflug ab. Peter hat für Künstler und Menschen immer ein offenes Ohr und ein verschwiegenes Wesen gehabt. (Archiv-Nr. 56)

Ausstellungsstücke, die John Sailer dem Museum Anfang der 60er-Jahre in Bausch und Bogen um die, wie kolportiert wurde, sagenhafte Summe von einer Million Schilling verkauft hatte. Auch Kurti Kalb hatte das Museum mit seinen Thonet-Möbeln beliefert. Bis heute ist diese Sammlung von Thonet-Möbeln eine der schönsten. Diese Möbel veranschaulichen auf ihre Weise die Wichtigkeit des österreichischen Kunsthandwerks, und ich wäre am liebsten dort stehen geblieben und hätte ununterbrochen zu jedem gesagt, dass ich Österreicher bin. Der Einfluss gewisser Elemente des Jugendstils war in den 60er-Jahren ja relevanat, ein wenig zu viel beeinflusst wurden halt, wie wir heute alle

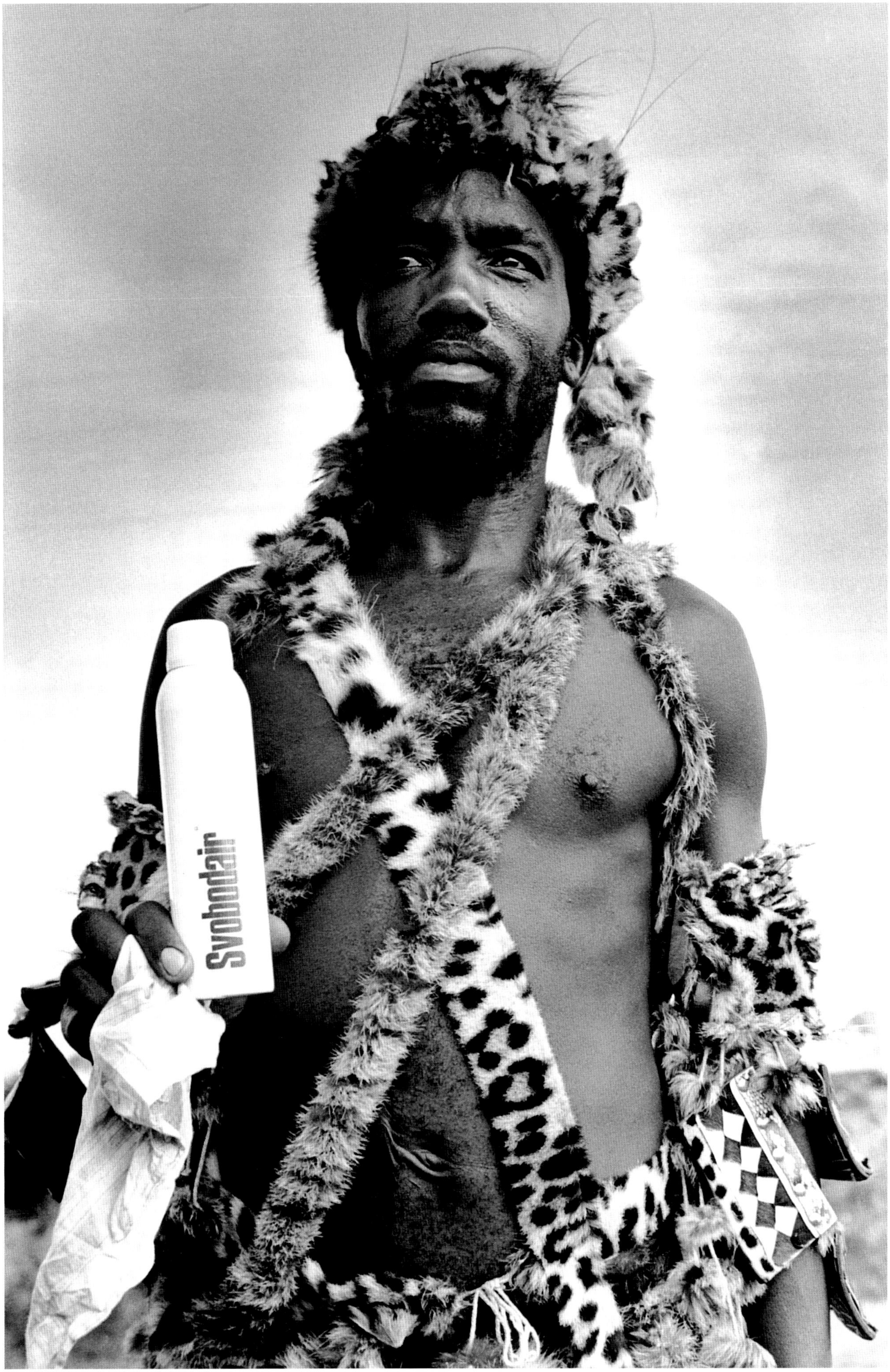
Svobodair

«Schon wieder Matzis Röhrln», 1968, Matthäus Jiszda, Architekt und Designer, Discothek Atrium. Abgebildet ist hier der Gastronom Helmut Fink in der Discothek.

Jiszda hat immer gezweifelt: an sich selbst, an der Welt, auch an mir, einfach an allem – bis heute. Ein genialer Erfinder, Designer, Grafiker, Architekt, Visionär, und vor allem war er der stille «Kultprofessor»: «Der Raum wird durch den Raum beherrscht.» Schon 1966 veranstalteten wir ein Happening in Wien I. Wir rollten vom Hof bis zur Dorotheergasse eine Zeichenpapierrolle auf und stellten so «Zeit ist Weg» dar. Damals von der Öffentlichkeit ignoriert. Ich werde nie vergessen, wie peinlich das war. Kommentare der Wiener Passanten: «Schau da de Depperten an!» und «Die Verschwender, die! Da kannst ja 1000 Wurschtsemmeln einpacken, mit so viel Papier!» Dabei saß Matzi nie am Stammtisch im Café Hawelka oder im Grünen Anker, sondern hat immer nur gearbeitet. (Matthäus Jiszda ist auch der Architekt des neuen «Steffl», 1998.) Er hat schon für den Apple-Computer-Erfinder Steve Jobs gearbeitet, als man noch gar nicht wusste, was daraus alles einmal werden würde. Steve Jobs hat eine Menge von Jiszda gelernt und umgekehrt. Jiszda ist ein Wiener Schicksal, er hätte in New York bleiben sollen. Aber so war Jiszda bei den wichtigen Sachen in Wien dabei und sagte uns die Trends der Zukunft voraus. Anfang der 70er-Jahre hat Steve Jobs in New York in der Houston Street in Jiszdas Loft übrigens einmal von «international net connections» als *der* Business-Zukunft gesprochen. Ich habe nichts verstanden. Heute ist diese Zukunftsvision längst Realität. (Archiv-Nr. 58)

wissen, Hundertwasser, Fuchs und die anderen phantastischen Gebrauchsgrafiker mit übrigens hervorragenden Managern, denn sonst hätten sie nie so bekannt werden können.

Nachdem wir den berühmten österreichischen Magnum-Fotografen Ernst Haas in der 6th Avenue of the Americas besucht hatten, gingen Jeannette und ich mit dem Fotoapparat durch New York und fotografierten quasi «amerikanisch». Das sah in der «Blow-up-Zeit» so aus, dass man sich vor einem Wolkenkratzer auf den Boden legte, am besten neben dem Rinnstein, und von dieser Perspektive aus hinauffotografierte. Auf jeden Fall war es unerlässlich, irgendwo im Dreck zu liegen, um gute Fotos machen zu können. Diese Haltung prägte meine gesamte Fotografenzeit, immer lag ich irgendwo auf dem Boden oder in einer Ecke oder hockte in einer Mülltonne, wie es der Trend gebot, den das Magazin *Twen* bestimmte. Der Standort des Fotografen konnte nicht dreckig, seine Haltung nicht unbequem und verrenkt genug sein, wenn seine Fotos glaubhaft sein sollten.

Einige Jahre später, um 1970, war ich wieder in New York. Kiki Kogelnik bereitete uns damals das Entree

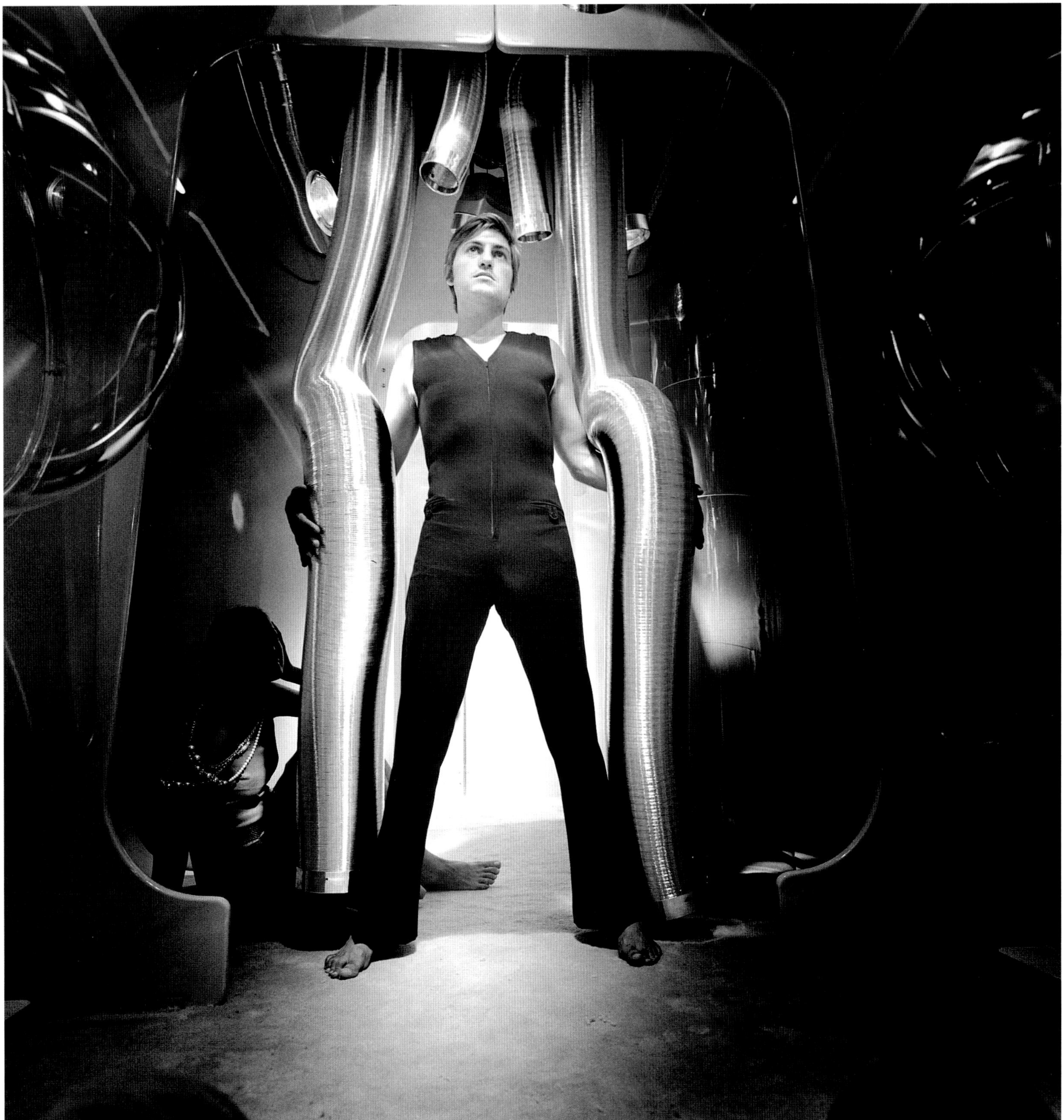

Kurt Kalb, 1968, Kunsthändler, in seiner Bildergalerie im Palais Schwarzenberg, Wien.

Das Wort «Lobbying» war noch nicht im Sprachgebrauch, da wurde es von Kurti Kalb schon praktiziert. Er war das Herz der «Wiener Gruppe», er war der Motor, der PR-Mann und der Arrangeur mit unendlich viel Fingerspitzengefühl und diplomatischem Gespür. Ohne Kalb hätte die Kunstszene der 68er nicht die Bedeutung, die sie heute hat, und viele hätten nicht überlebt, wenn ihnen Kurti Kalb nicht finanziell geholfen hätte. Er und Oswald Wiener schufen die Institution «Wiener Gruppe». Danke, Kurti, und entschuldige, dass das Foto unscharf ist! – «Skrein, du kannst stolz sein, dass du dabei bist. Wiener und Steiger, die größten Dichter deutscher Zunge, Attersee und Pichler, die größten bildenden Künstler Europas ...» usw. Er war und ist ruhig, bestimmend, überzeugt von seinen Freunden – heute sagt man «cool». (Archiv-Nr. 60)

«Lauter Bilder», 1968, Kurt Kalb, Kunsthändler, in seiner Bildergalerie im Palais Schwarzenberg, Wien. (Archiv-Nr. 60a)

für einen Besuch bei Andy Warhol, der jedoch nie zustande kam. Die Factory lag in der 47th Street und 3rd Avenue, auf dem Weg zur St. Patrick's Cathedral. Wir hatten Andy Warhol zwar am Telefon, aber es klappte mit dem Timing einfach nicht. Warhol kam dann Jahre später nach Wien, um sich, wie es hieß, beim Schuhmacher Materna drei Dutzend Maßschuhe machen zu lassen. Leider versäumte ich ihn dabei ebenfalls.

Jeannette war damals mein guter Geist beim Fotografieren und praktisch immer dabei. Ihr Ehrgeiz und das berechtigte Gefühl, auch eine gute Fotografin zu sein, ließen sie während der Pausen immer wieder zu meiner Kamera greifen, sodass einige der in diesem Buch veröffentlichten Fotos sicherlich von ihr stammen. Heute lässt sich dies beim besten Willen nicht mehr eindeutig zurückverfolgen, da sie zeitgleich mit meinen Kameras fotografierte. Eines ist jedoch sicher: Jeannette sorgte für das gute Einverständnis mit meinen fotografischen Objekten. Ich war nämlich nicht leicht zu ertragen, denn ich glaubte, in jeder Situation

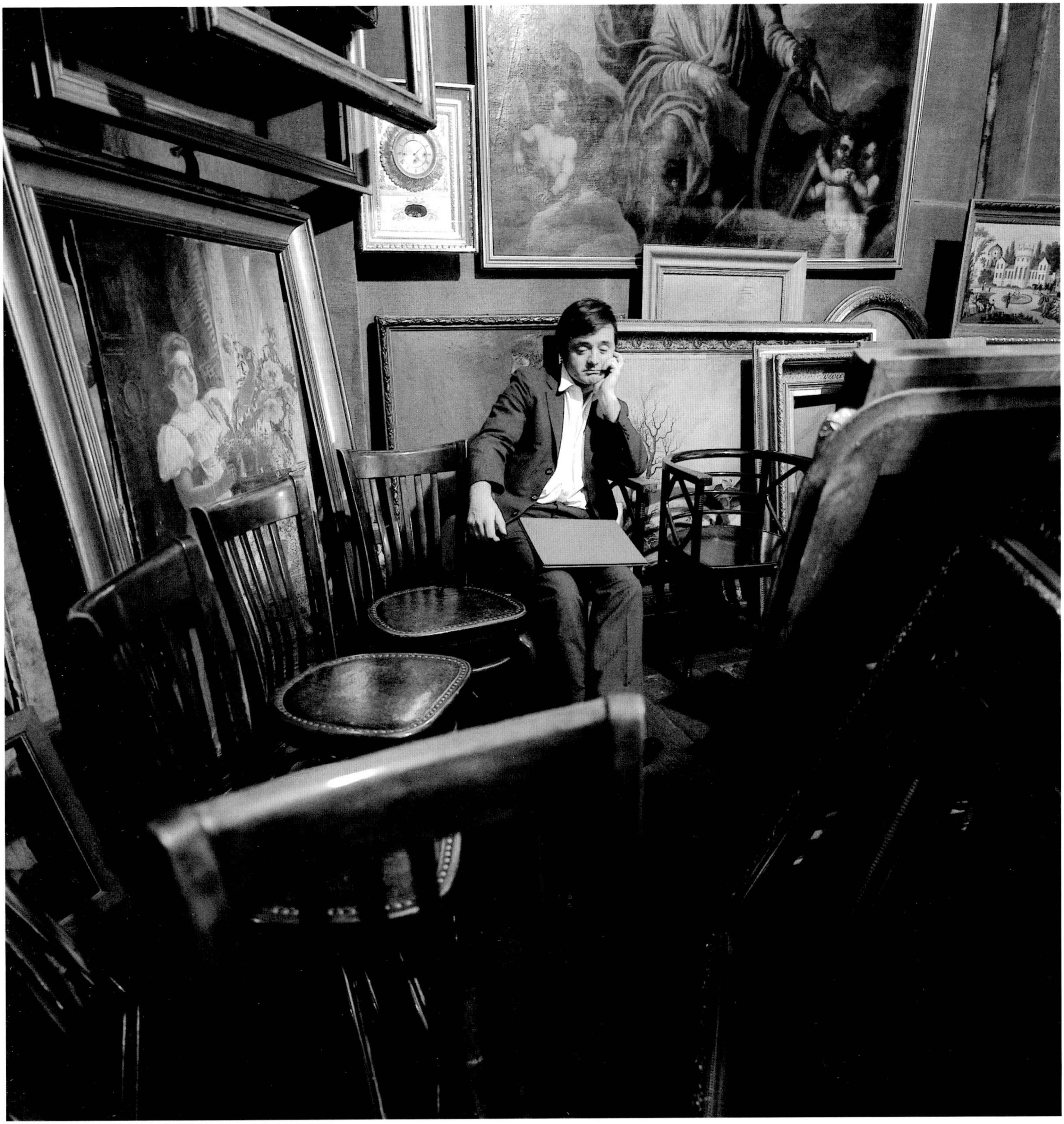

genau zu wissen, was ich wollte, und ich ließ – wahrscheinlich aufgrund meiner Jugend – keine andere Meinung gelten. Dass ich mich selbst auch noch ungenau ausdrückte, erschwerte die Kommunikation zusätzlich. Beruhigend nur, dass ich in guter Gesellschaft war. Ich befand mich damals gerade am Übergang vom Fotoreporter zum Werbefotografen. Der Beruf des Werbefotografen galt als Künstlerberuf, Werbefotografen und Starfotografen waren eins. Natürlich nur nominell. Umgekehrt wurden die verbliebenen alten Porträtfotografen von Werbekunden «zwangsbeglückt», d. h. sie mussten oder, besser gesagt, durften auch Werbeaufnahmen machen. Zu jener Zeit gab es ja noch keine Stylisten, Friseure oder Requisiteure bei den Aufnahmeterminen. Alle arbeiteten zusammen, jeder steuerte eine Idee bei und im Team verwirklichten wir diese Ideen während der Aufnahmen, spontan, ohne lang zu planen. Wir waren allesamt Semi-Profis oder besser die Pioniere der Kommerzfotografie. Es war die Zeit der Hippie-Bewegung, alles war gut, was schmuddelig war oder eben anders als normal. Deshalb ging man auf die Wünsche der Werbekunden gar nicht erst ein. Man behandelte sie auch nicht bevorzugt, sondern man beschimpfte sie. Trotzdem nahm man auch damals gerne ihr Geld. Es war eine verkehrte Welt. Der Kultfilm *Blow-up* prägte ja das Berufsbild, das Image des Fotografen war so gut wie nie zuvor und nie danach. Das ging so weit, dass man in der Grafischen Lehr- und Versuchsanstalt, der Wiener Grafiker- und Fotografenschule, für jeden neuen Lehrgang plötzlich eine eigene Klasse einführen musste, während bis zu jenem Zeitpunkt drei bis vier Lehrgänge in einem Raum Platz gefunden hatten. Es war auch die Zeit, da Ernst Haas seine Karriere mit der Herausgabe des Buches *Die Schöpfung*, das in den USA zum Fotobuch-Bestseller avancierte, quasi krönte. Dies alles spielte sich Ende der 60er-Jahre ab.
Und ich, so kann man sagen, war damals zur richtigen Zeit im richtigen Beruf mit den richtigen Leuten am richtigen Ort. In gesellschaftlicher Hinsicht bedeutete dies ein Glück, in finanzieller Hinsicht nicht so sehr.

«Wo ist das Vogerl?», 1968, Christian Brandstätter, Verleger und Autor. Er war ein Philanthrop, blitzgescheit und der erste Bewunderer und Entdecker von Franzi Heller, der wiederum an Brandstätters Lippen hing. Ein einzigartiger Schöngeist in seiner eigenen Wirklichkeit. Christian liebt das Buch als Objekt und Kür, den Inhalt als Pflicht. Ein gottbegnadeter Verleger. (Archiv-Nr. 61)

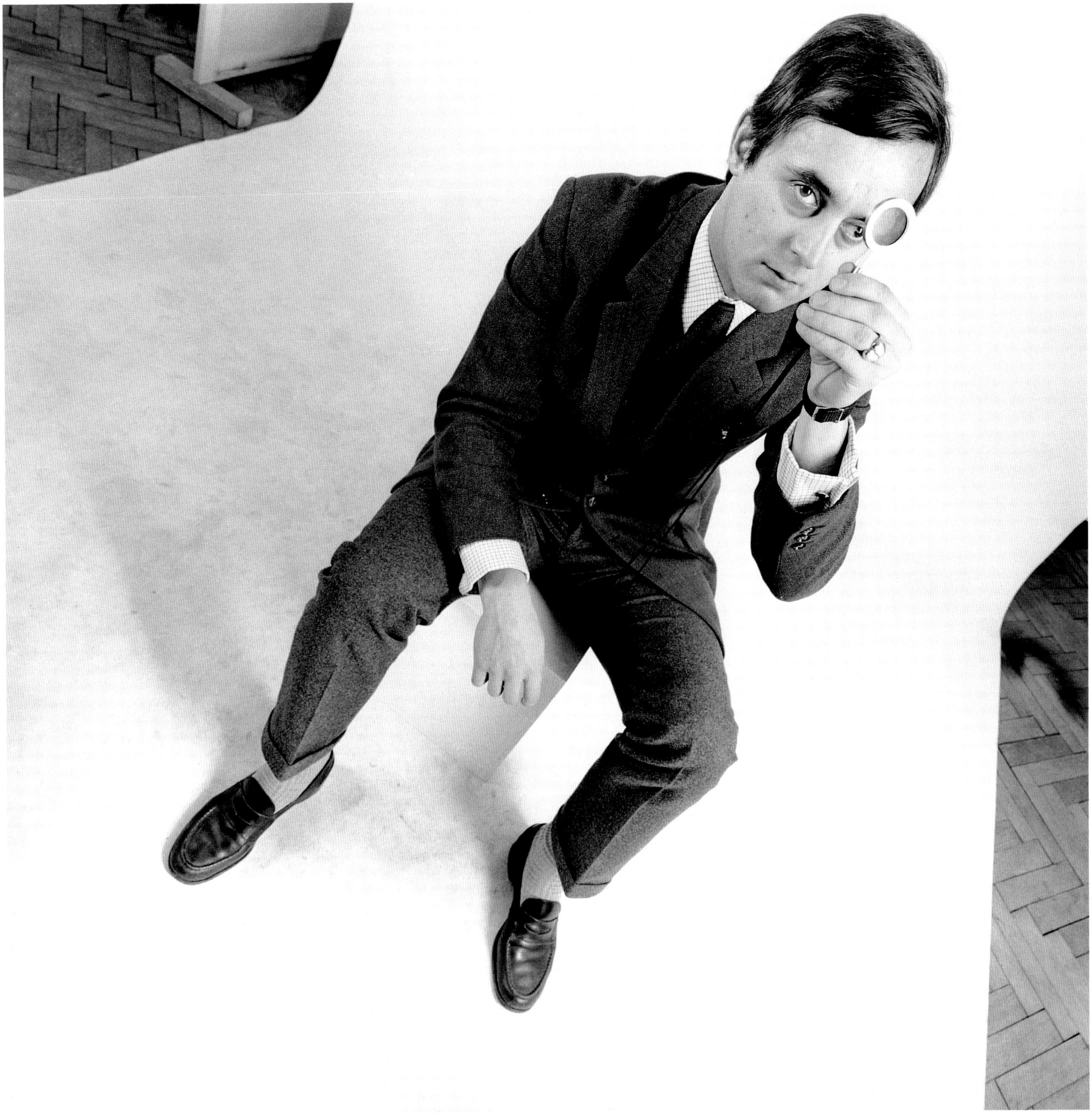

Richard Goll (oben) und Hubert Gaisbauer, zwei der «Gründerväter» von Ö3. Ihr Star-Moderator war der schlagfertige André Heller. Ganz Österreich wartete immer auf seine Sendung «Music Box». Das war noch Radio! (Archiv-Nr. 62)

Franzi Heller, 1968, schon als André Heller – poetischer Aktionist und Film- sowie Theaterschauspieler. (An das André kann ich mich bis heute nicht gewöhnen. Für uns ist er, obwohl ich ihn eine Ewigkeit nicht mehr getroffen habe, der Franzi aus Wien-Hietzing.) Hier frisch eingekleidet, original von der Carnaby Street in London. Dort waren wir beide, um die Beatles zu treffen, was misslang, da die Beatles 1968 überall und nirgends waren, auch nicht in London. (Archiv-Nr. 64)

Besonders wenn ich an meine Anfangszeit als Hilfsportier im Hotel Prinz Eugen, gegenüber dem Südbahnhof, denke, als ich für die Gäste die Taxis heranpfiff. Meine Schulfreunde studierten alle noch und nannten mich, der ich als Einziger meines Jahrgangs schon einem Broterwerb nachging, recht abschätzig «Fotokasperl» oder «Blitzkasperl», obwohl ich es in meiner Profession durchaus zu Renommee gebracht hatte. Diese Namen würden heute auf viele Fotografen wohl besser passen, denn heute ist einer Fotograf, wenn er alles und jeden überall und in jeder Situation fotografiert. Was dabei herauskommt, heißt «Das Werk», und

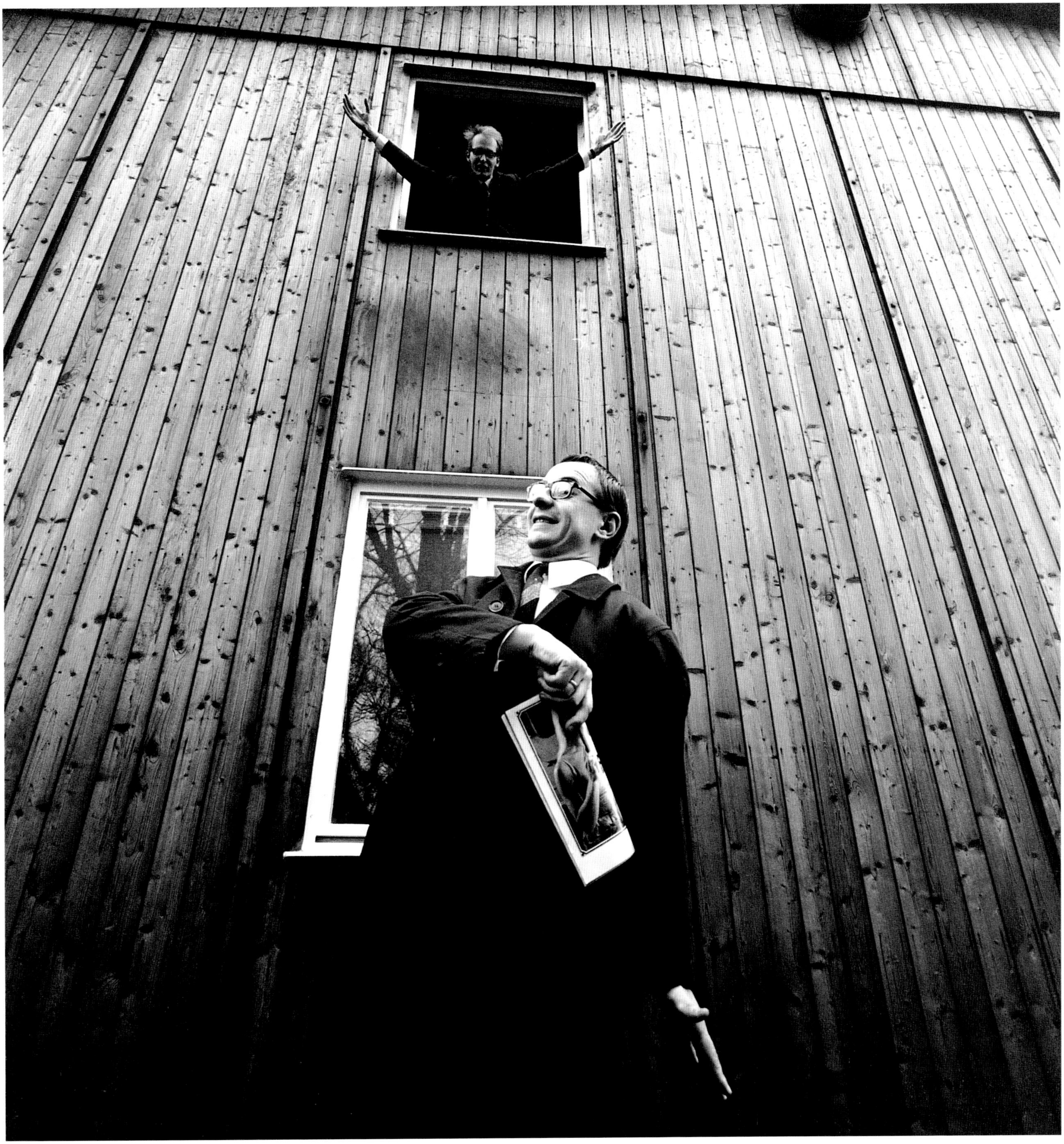

63 · «Der Zauberer», 1968/69, André Heller, geboren 1947 in Wien als Sohn des Heller-Zuckerl-Fabrikanten, in meinem 16-mm-Experimentalfilm auf der Wiese vor dem Lindwurm, Wien XIII.
Der Film hat Hellers spätere Aktivitäten als Erfinder, poetischer Aktionist und Literat vorweggenommen, den «Circus Roncalli», den Künstler-Freistaat «Artopia» und «Flic-Flac», das Varieté und seine Feuerwerkinszenierungen.
Franzi hatte nur seine Mutter, fühlte sich heimatlos und lebte in seiner eigenen «verwunschenen» Welt – ein Phantast. Wir haben oft diskutiert, meistens endete es mit seinen Worten: «Jetzt glaubst du, du kennst mich, aber du täuschst dich.» (Archiv-Nr. 63)

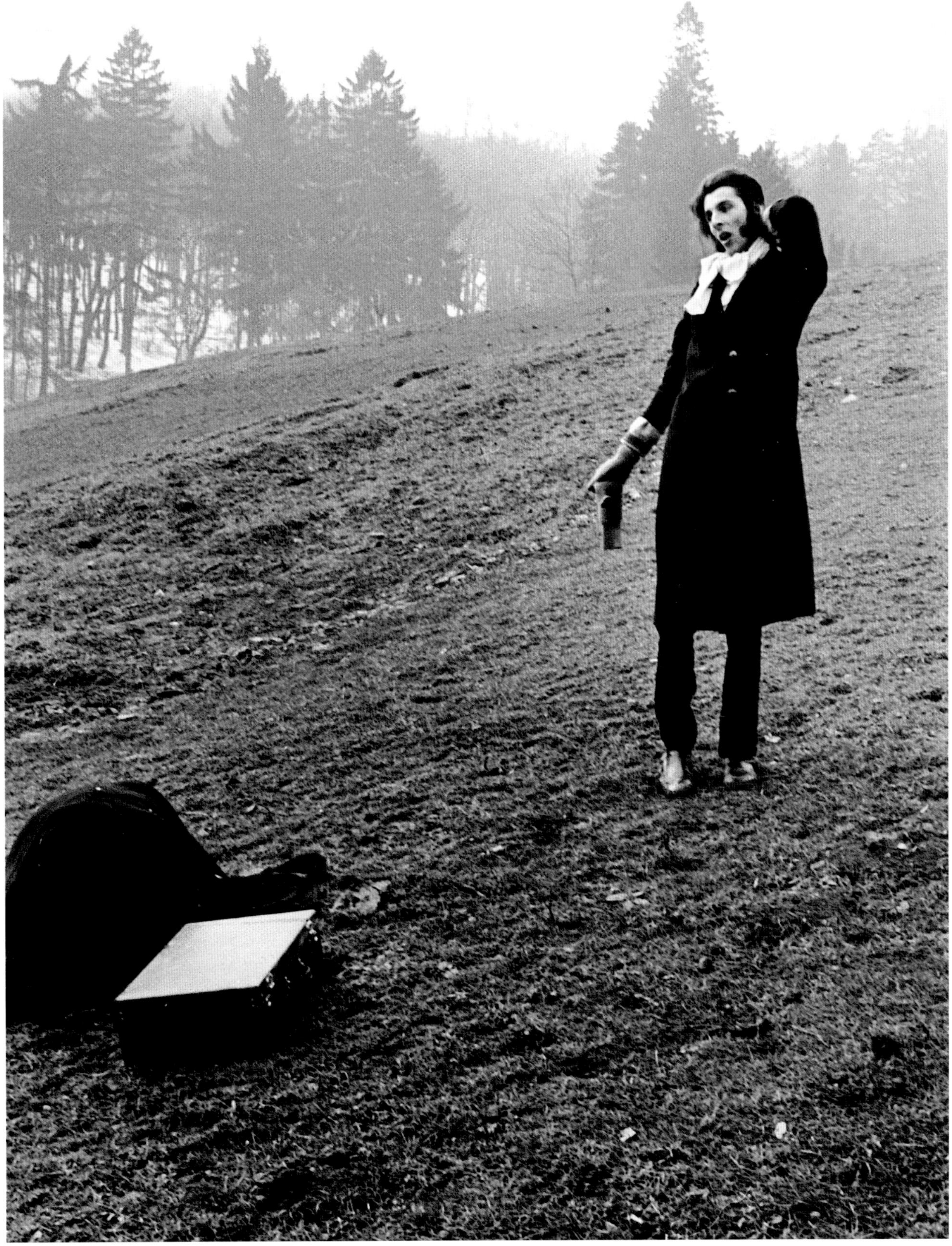

«Das Werk» ist «Zeitdokument». Darin liegt allein die Legitimation für ein gutes Foto. Als ich begann, spielte die Momentaufnahme keine so große Rolle wie heute; damals ging es um Gestaltung, um die Komposition – ein wenig wie in der Malerei.

In der Kompositionslehre kannte ich mich recht gut aus, und es gelang mir auch, die Theorie in meinen Bildern umzusetzen. Dies brachte mir den Ruf eines so genannten wissenden Fotografen ein, der ich im Grunde genommen nie war. Vielleicht half mir dabei auch meine Neigung, Bilderbücher anzuschauen, alles, was ich sah, aufzunehmen und in unbekümmerter Jugendlichkeit selbst zur Schau zu tragen. (Übrigens bin ich damals öfter H. C. Artmann begegnet, an Wochenenden oder auf Festen, und der las auch oft in Gesellschaft Schundhefte wie *Akim, Sigurt* oder *Mickey Mouse*. Wir schätzten das sehr!)

Heute denke ich, dass es vor allem der selbstsicheren Art zuzuschreiben war, in der ich auftrat, nicht so sehr meinem fotografischen Können, dass ich damals in meinem Beruf als Fotograf besonders reüssieren konnte. Obwohl: Ganz möchte ich mein Licht nicht unter den Scheffel stellen – ich legte auch einen ungeheuren Fleiß an den Tag, war unermüdlich und beinahe ständig im Laufschritt von einem Termin zum nächsten unterwegs, mitunter gelangte ich laufend schneller von A nach B als mit dem Auto oder der Straßenbahn. Von der Straßenbahn sprang ich einfach ab, wenn ich an meinem Ziel war und nicht bis zur nächsten Haltestelle warten wollte. Dies konnte man sich in den 60er-Jahren noch erlauben, denn die Straßenbahnen waren offen, fuhren damals langsamer und drosselten in den Kurven nochmals die Geschwindigkeit. Man musste nur die Außenkurve zum Absprung nutzen, nicht die Innenkurve, denn sonst wäre man unter die Räder gekommen. Meine schwere Fotoausrüstung musste ich natürlich immer mitschleppen. Apropos Fleiß: Ich fotografierte damals jeden Tag bis in den Abend hinein, auch an Feiertagen, stand in der Früh sehr oft um vier

Franzi Heller war schon als 21-Jähriger Selbstdarsteller und Verwandlungsreisender. Damals waren Peter Altenberg, Pablo Picasso und Charlie Chaplin seine Vorbilder, ebenso wie David Bowie und Donovan – er könnte der gewesen sein, der durch die Stadt schlich, an den Auspuffen schnüffelte und dabei, anstatt zu ersticken, Orchideengeruch wahrnahm. (Archiv-Nr. 65)

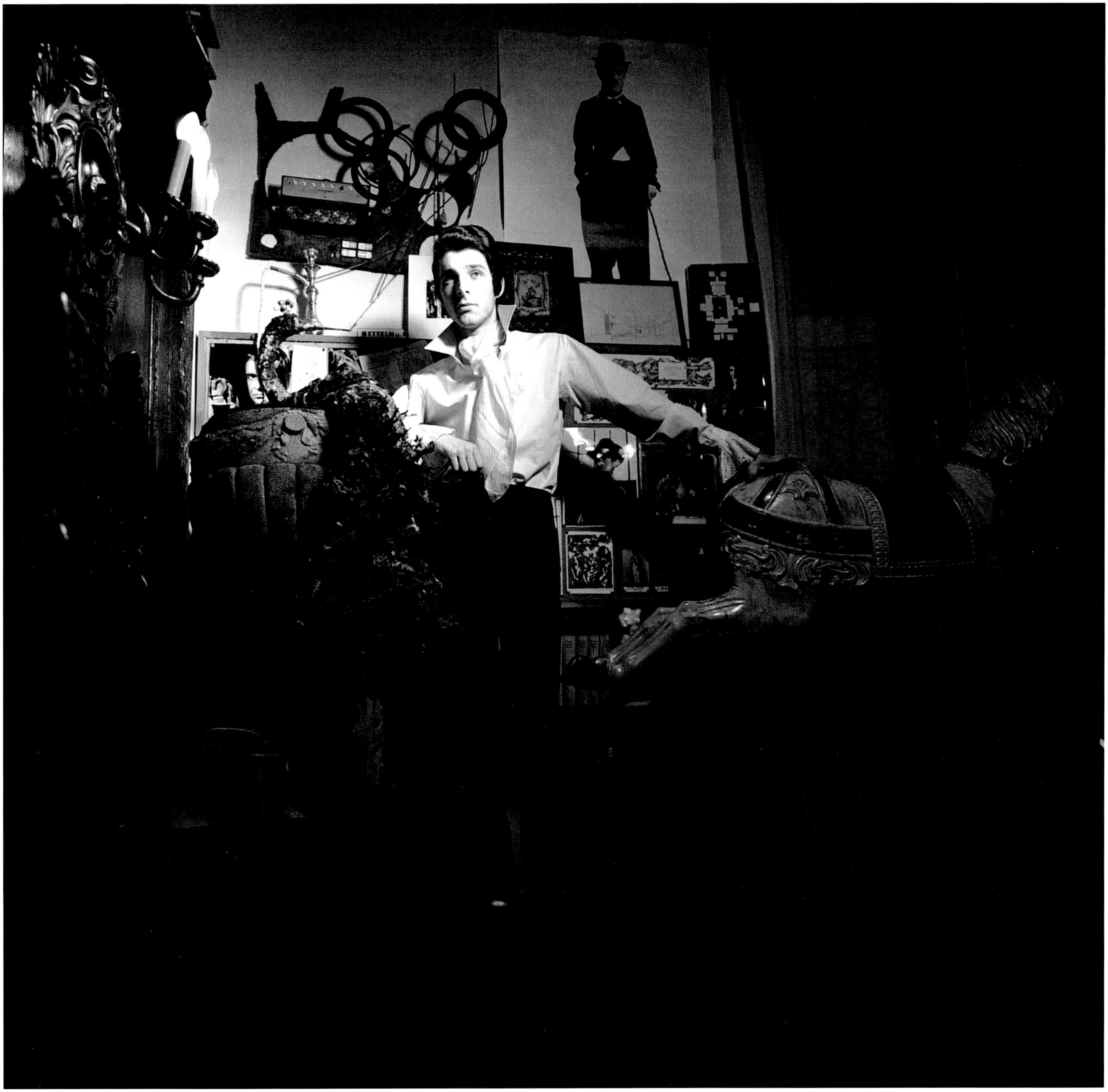

«Vorläufer», 1965/66, Jochen Rindt, geboren 1942 in Mainz, Deutschland. Hier in Kitzbühel: «Schnee ist ein österreichisches Massenprodukt, mich gibt's nur einmal, hoffentlich noch lang.» Jochen Rindt und ich waren schon zusammen im Internat in Bad Aussee, im Grünen Baum, so hieß die Unterkunft für die Unverbesserlichen – Tür an Tür mit Thomas Prinzhorn, heute 2. Nationalratspräsident, Mitterbauer, Henkel Donnersmark und vielen anderen, auch Franzi Heller, der aber beim Erzieher Odilo im Teichschloss untergebracht war. Das Teichschloss wurde später von Otto Michael Sekyra, dem vormaligen Vorstand der Austrian Industries, gekauft. Jochen besaß damals schon einen taubenblauen Simca. Ich hatte meinen ersten Pepita-Anzug vom Wiener Schneider Knize, und den trug ich damals als 15-Jähriger an Sonntagen. Der Grüne Baum lag an der Traun zwischen Altaussee und Bad Aussee. Um ins Haus zu kommen, mussten wir über eine Brücke. Und einmal sagte Jochen: «Feig, wennst mit deinem neuen Frakel reinhupfst, zwanzig Schilling?»
Bei dem «g» von Schilling bin ich reingehüpft, was mir den Namen «Pepito» und zwanzig Schilling einbrachte, die ich bis heute aufgehoben habe. Auf den Schein schrieb ich drauf: «Aus dir mach ich Millionen.» Im September 1970 ist Jochen Rindt leider beim Rennfahren in der Parabolica in Monza schuldlos tödlich verunglückt. Er war der König der Formel 1. Wir lieben ihn noch heute und verehren ihn als unser Idol. (Archiv-Nr. 66)

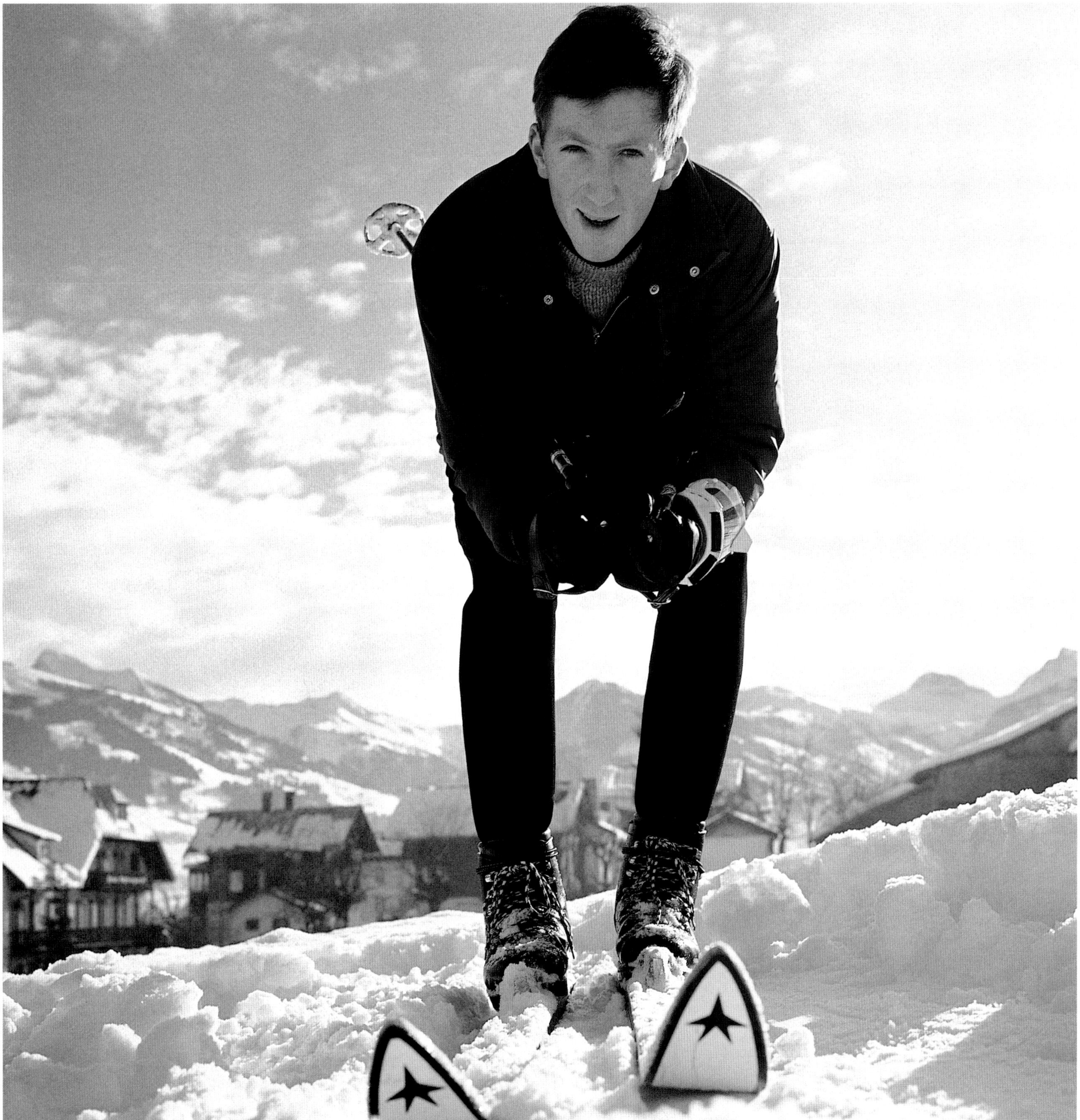

«Der 68er», Wilhelm Fritz, 1968.
Wilhelm Fritz gestaltete als immens begabter Grafiker die «Skrein 68er»-Plakatserie mit. Seine Frau war schwindsüchtig und sprang aus einem Fenster im dritten Stock. Wilhelm war darüber so verzweifelt, dass er sein kleines Kind und sich selbst in der eigenen Wohnung an einem Zentralheizungsrohr erhängte. Er konnte sich nicht vorstellen, dass die Familie ohne die Fürsorge der geliebten Frau weitermachen konnte. Wenn er bei uns in Wien-Hietzing im Atelier war und immer wieder mit Staunen den damals noch hauptsächlich aus Laien bestehenden Fotomodellen begegnete, sagte er immer wieder den gleichen Satz: «Die Österreicherinnen sind alle wie Sennerinnen. Sie schauen alle aus wie die Paula Wessely.» (Archiv-Nr. 68)

Michel Würthle, 1968, geboren 1943 in Hallstatt, italophiler Lebenskünstler und Sunnyboy der Wiener Künstlergruppe im Café Hawelka in der Wiener Dorotheergasse.
Neben dem Grünen Anker in der Grünangergasse war das Hawelka unser aller Zuhause. Michel war es, der mich in die Wiener Künstlergruppe einführte. Er war einer der feschesten, bestangezogenen Burschen, ein Bonvivant, dem man nie böse sein konnte, auch wenn er einen laufend provozierte. Er war damals mit Ute Lackner (später Fotomodell und Modellagentin) befreundet. Michel Würthle war der Foto-Skrein-Repräsentant in Mailand. (Archiv-Nr. 67)

Uhr auf, ging in die Dunkelkammer, entwickelte Filme, machte Vergrößerungen und besuchte Kunden oder Zeitungen, um dann den ganzen Tag weiterzufotografieren. Zugeben muss ich, dass ich mir – der finanzielle Erfolg machte es möglich – kurz vor meinem 18. Geburtstag einen gebrauchten roten Porsche Cabrio 956 zulegte. Da es noch keine Geschwindigkeitsbegrenzungen gab und der Verkehr auch nicht annähernd so dicht war wie heute, kann man sich vorstellen, wie ich in dem Gefährt «herumfetzte». Ohne Führerschein hatte ich natürlich keine Ahnung von Verkehrsregeln und parkte – in der damaligen Zeit gerade noch möglich – irgendwie halb am Gehsteig oder fast mitten auf der Fahrbahn in der Canovagasse. Ich wohnte noch zu Hause, und mein Stiefvater durfte auf keinen Fall wissen, dass «der Bua da» in einem Porsche kam, noch dazu im eigenen. Der Wagen fiel ihm allerdings trotzdem auf, da er immer quasi auf seinem Parkplatz stand, und er sagte oft: «Da steht schon wieder dieser unmögliche rote Rennwagen. Wem der etwa gehört? Und wie der auch immer parkt!» Als Rechtsanwalt hätte er es natürlich niemals geduldet, dass ich ohne Führerschein und noch dazu mit einem so auffälligen Wagen fuhr, geschweige denn einen solchen besaß. Eine weitere

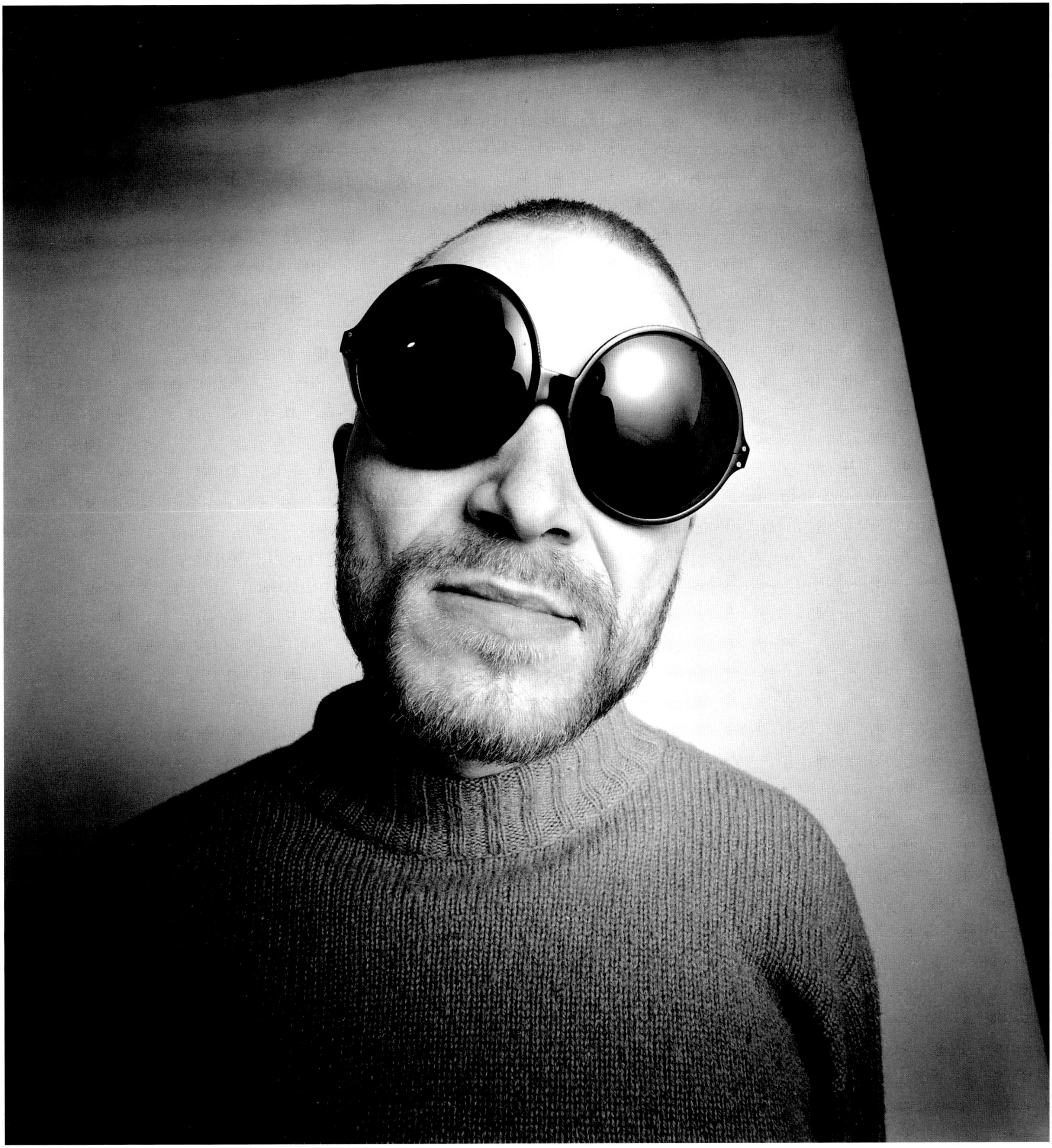

gefährliche Passion, der ich zur damaligen Zeit frönte: Ich war Kettenraucher. Um mich von den Ketten rauchenden Freunden zu unterscheiden, rauchte ich Zigarren statt Zigaretten. Und ich war totaler Abstinenzler. Ich glaube, dass ich der einzige Antialkoholiker in meinem gesamten Freundeskreis war.

Langsam wurde ich ein wenig berühmt und erhielt Fotoaufträge, so genannte Propagandaaufträge, von Agenturen. Heute heißt dies «Werbeaufträge von Werbeagenturen». Ich war natürlich mordsmäßig stolz auf meinen Erfolg und tauschte bei nächster Gelegenheit den Porsche in einen Bentley um, weil ich fand, dass zur Zeit von Antonionis Film *Blow-up* ein offenes großes Cabriolet weit besser für einen Werbefotografen wirbt. Vorne, neben dem Kühlergrill, brachte ich eine Messingplatte mit dem Text «Christian Skrein, Photographer» an. Mit dem Wagen war ich Stadtgespräch, da es natürlich kein neuer Bentley, sondern ein gebrauchter – 14 Jahre alt – war, der auch die entsprechende Geschichte hatte. Den Wagen hatte nämlich der Industrielle Fritz Mandl seiner Frau, der berühmten Schauspielerin Hedy Lamarr, 1949 an der Côte d'Azur als Morgengabe überreicht. Die Familie Mandl dürfte den Bentley nicht sehr geschätzt haben, denn als ich den Wagen von Mandls Hirtenberger Patronenfabrik erwarb, diente das kostbare Stück als Transportmittel für die Warenauslieferung.

Ernst Graf war der Partner von Peter Daimler. Beide fertigten den berühmten «Lindbergh»-Lumberjack und die Madras-Sakkos sowie Madras-Hemden für die Szene an. Jeder von uns trug die karierte Kleidung oder zumindest Rohseidenkrawatten aus dem Hause Daimler-Graf. Peter Daimler wiederum war der Assistent von Udo Proksch, damals lediglich als Carrera-Brillen-Erfinder und Goldfinger-Designer bekannt.
Das geistige Vorbild, der Spiritus Rector Anfang der 60er-Jahre, war jedoch der Schriftsteller Konrad Bayer, von Beruf irgendwo Filialleiter.
Konrad Bayer brachte sich mit Gas andernorts um,

«Glaubst i bin blind», 1968, Plakatmotiv der «Skrein 68er»-Plakatserie.
Die Blindenbrille hat Ernst Graf für seinen hier abgebildeten amerikanischen Freund, den Journalisten Ken Donahue, in Wien entworfen. (Archiv-Nr. 69)

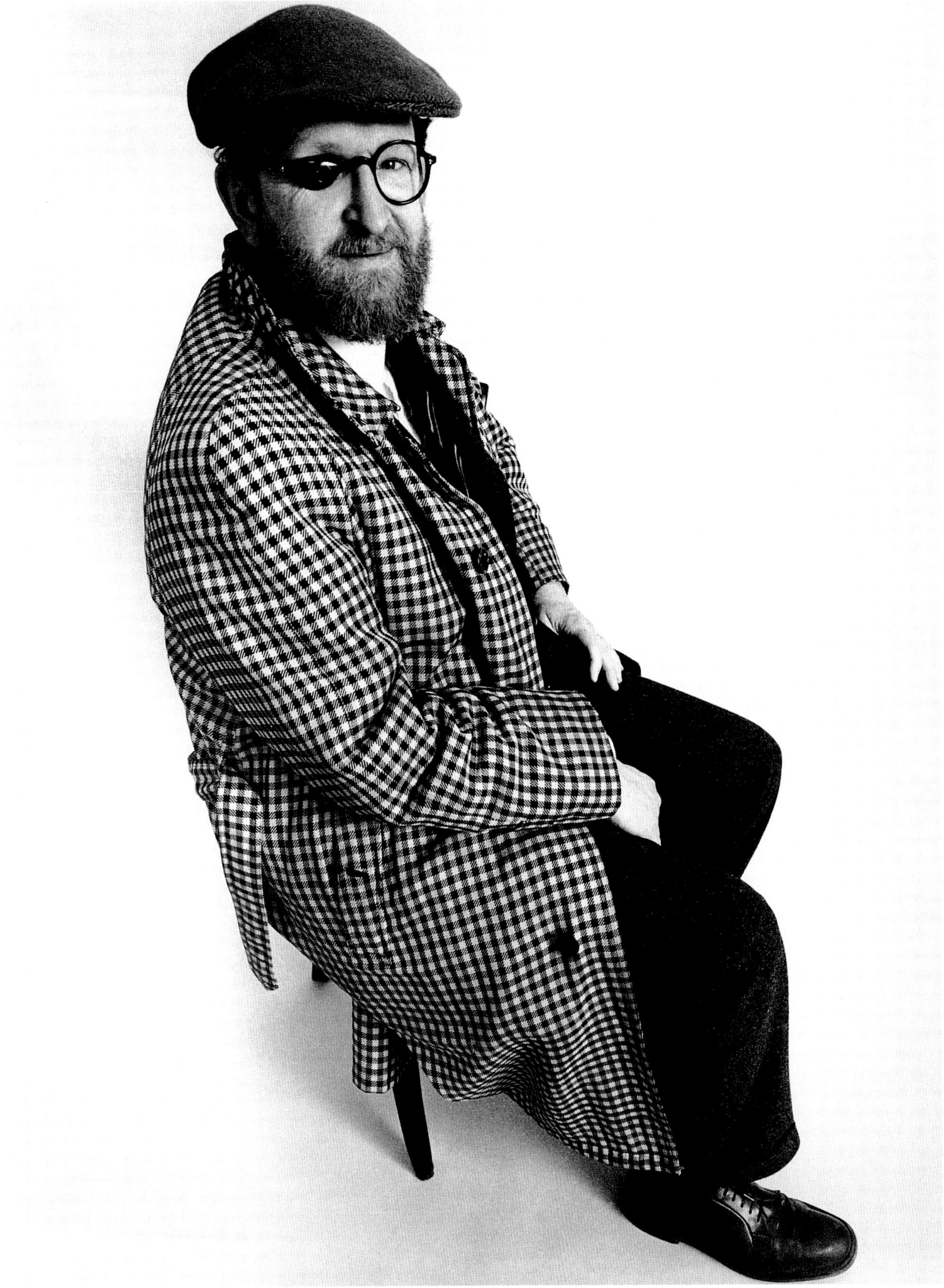

«Die gute Fee», 1968, Jeannette Vartian-Skrein-Handler, von 1966 bis 1969 verheiratet mit Christian Skrein.
Jeannette war beim Fotografieren fast immer dabei. Ihr Ehrgeiz und ihr berechtigtes Gefühl, auch eine gute Fotografin zu sein, ließen sie immer wieder zum Fotoapparat greifen. Und so könnten Fotos in diesem Buch ohne weiteres auch in den Pausen, in denen ich mich ausruhe, von ihr fotografiert worden sein. (Archiv-Nr. 70)

während Peter Daimler gerade eine Party in Hietzing schmiss. Nicht zu verwechseln mit Robert Klemmer (siehe Seite 58), dem Künstlerfreund, der sich immer selbst malte und ein besonders liebenswerter Mensch war. Er schlief in der Badewanne ein und bekam zu viel Gas von einem alten Durchlauferhitzer ab, der dann auch noch explodierte. Klemmer war Postbeamter. Ich erinnere mich noch ganz genau: Klemmer beherrschte den Kopfstand, allerorts.

Der Außenseiter Udo Proksch war damals der große Held, Fallschirmspringer, Erfinder, Weiberheld, Genie, gerade eben verheiratet mit der bildhübschen Daphne Wagner und vorher mit der nicht weniger attraktiven Burgschauspielerin Erika Pluhar. Unterwegs in den Lokalen war er aber immer allein. Fotografiert habe ich Udo Proksch nie, sein Hausfotograf war Roland Pleterski.

Im Frühjahr 1969 heiratete Udo Proksch kurzfristig die exzentrische Ariane Glatz (siehe Seite 90), da sie – wie sie meinte – ein Kind von ihm erwartete. Ariane hatte die schönsten Beine der damaligen Zeit, weshalb ich sie mit den ersten «Hot Pants», die gerade in Mode kamen, fotografierte. Als Udo Proksch nach der Geburt in die Klinik kam, um sein Kind zu sehen, zeigten ihm die Schwestern ein schwarzes Baby. Für diejenigen, die es nicht wissen: Udo Proksch ist ebenso von weißer Hautfarbe wie Ariane. Das Baby tauften die beiden auf den Namen Drusus Ingomar Stephan Proksch, damit er später – auch ohne Studium – die Abkürzungen Dr. Ing. würde verwenden dürfen. Der kleine schwarze Proksch, Kind eines Musikers, den Ariane in London kennen gelernt hatte, kam leider mit sieben Jahren bei einem Autounfall ums Leben. Udo Proksch wurde im Zuge des Lucona-Verfahrens 1992 ins Gefängnis geschickt, wo er bis heute ist.
Wenn ich jetzt in meinem Lebenslauf fortfahre, muss

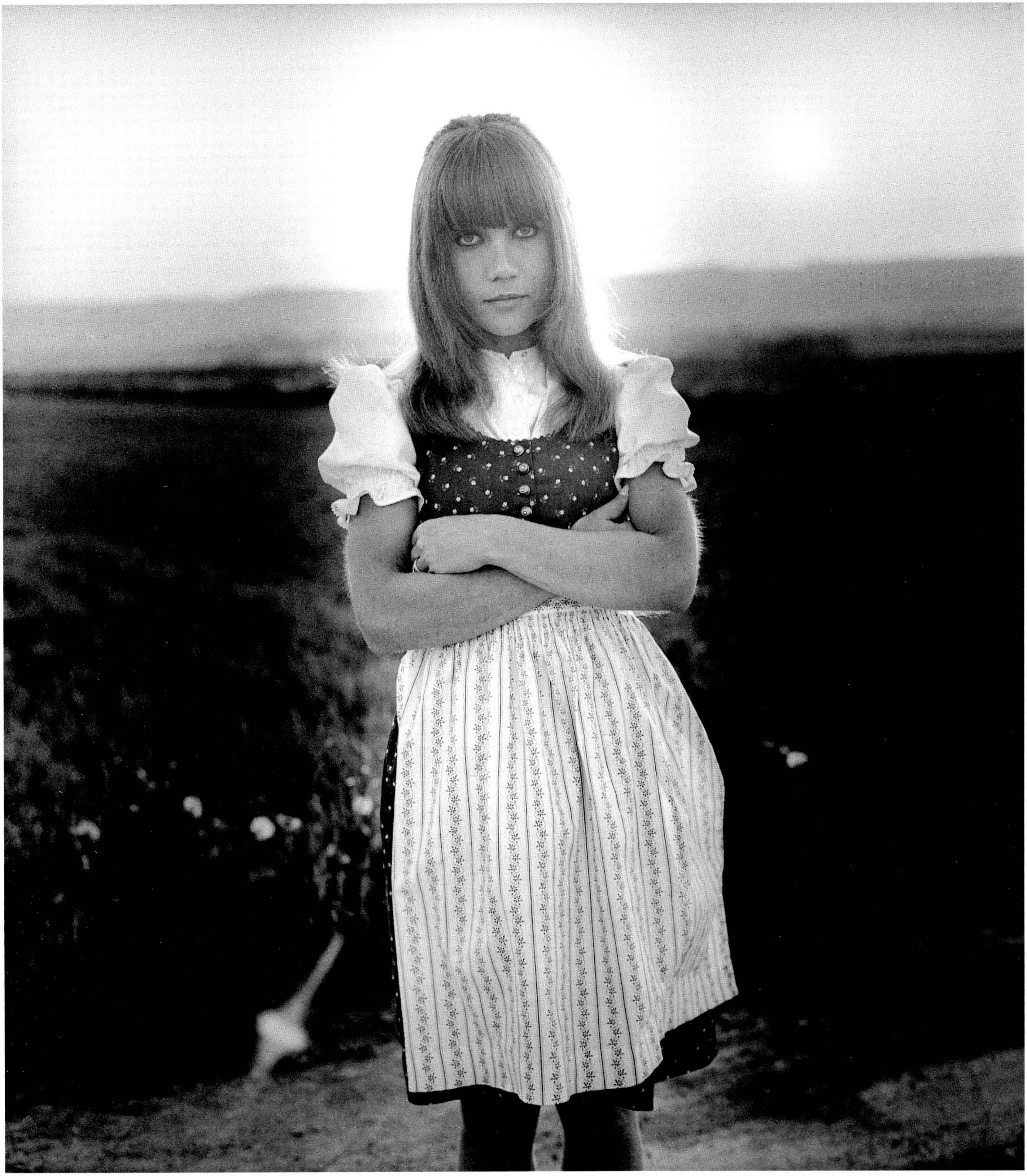

Ingrid Schuppan, 1969/70, Ossi Wieners Frau – personenbezogenes Design in Geschmeide, Chrom und Sämischleder von Ernst Graf. (Archiv-Nr. 74)

«Hot Pants», 1970, Ariane Proksch, geborene Glatz, in ihrer Boutique in Wien I., Bäckerstraße 5. PR-Aufnahmen für die gerade modern gewordenen «Hot Pants» im Back Office des Hietzinger Fotoateliers vor dem Atelier-Flipper. (Archiv-Nr. 71)

ich gestehen, dass ich erst am Anfang bin und dabei lauter Themen nur gestreift und gar nicht fertig erzählt habe. Eine Zentrale in dieser Zeit war die Galerie nächst St. Stephan mit dem Monsignore Otto Mauer als grauer Eminenz: «Der Herr Skrein kann ruhig kommen fotografieren, wenn der Herr Beuys da ist, ich hab nichts dagegen.» Der Monsignore Mauer hat sehr genau gewusst, wie er alles zu lenken hatte und was er da an kultureller Wichtigkeit initiierte und für die Nachwelt mit dem nötigen Nachdruck weitergab. Es geschah alles sehr gütig, mit wenigen Worten und ganz nett und sympathisch. So sympathisch, dass ich ihn nie fotografierte, weil ich damals nicht wusste, dass Leute wie Attersee, Wiener, Rainer, Rühm, Mühl, Brus, Priessnitz, Steiger, Heller, Christo, Grass usw. einmal berühmt sein

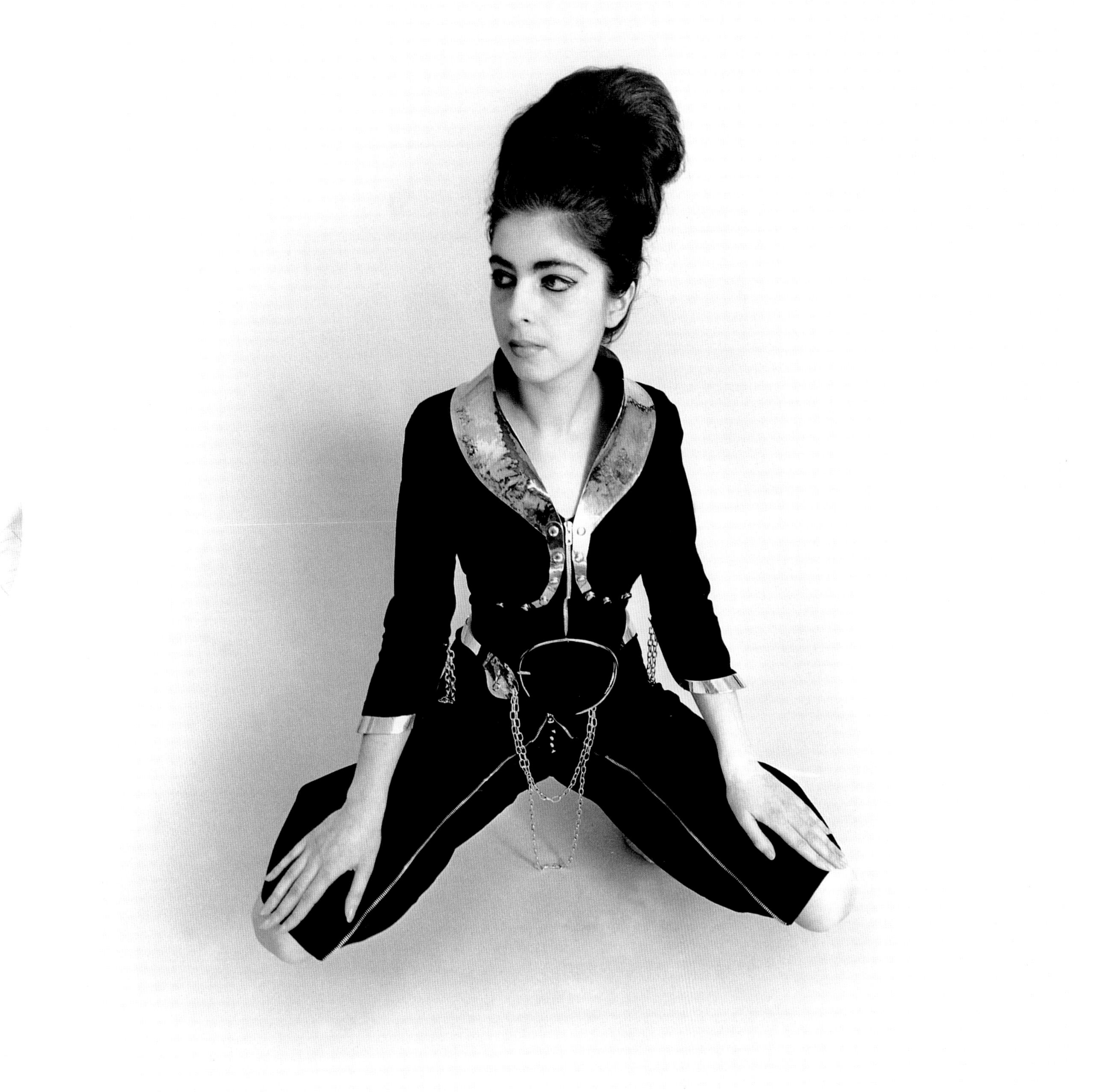

würden. Die Herrschaften gefielen mir gut, von dem einen oder anderen konnte ich etwas lernen, generell waren sie mir sympathisch, manche weniger – ich meine, Walter Pichler war nie ein «charming boy», aber er war irgendwie faszinierend und für mich ein Vorbild. Oder Ossi Wiener, der immer der Boss war und eigentlich alles diktatorisch, aber ruhig bestimmte. Jeder machte das, was Ossi Wiener wollte. Also, wenn Ossi Wiener zum Beispiel zum Klemmer, zwei Jahre bevor er mit dem Gasofen in der Mariahilfer Straße explodierte, gesagt hätte: «Klemmer, hupf aussi aus'm Fenster», dann wäre der Klemmer wahrscheinlich gesprungen. Oder: Eines Tages sagte der Ossi: «Heut rauch' ma uns ein, i hab a echtes Marihuana, aber du, Skrein, du losst des, du rauchst nix, weil wir schau'n zuerst, wie des is und sag'n dir dann, ob du des a rauch'n derfst oder net.» Ich gehorchte ihm selbstverständlich. Und dann wurde der Ossi Wiener in der Wohnung von Christian Ludwig Attersee ohnmächtig und wir bahrten ihn auf. Er war nicht mehr bei Bewusstsein, schwitzte aber sehr lebendig in Strömen, und wir alle konnten mit ansehen, wie das ist, wenn man im Marihuanarausch liegt. Also, nota bene, verständigten wir die Rettung, das war dann doch der letzte Ausweg. Es war derselbe Abend, an dem ich auch das berühmte Bild «Kätzchen-BH» von Christian Ludwig Attersee, heute eines seiner Hauptwerke, um 3.500 Schilling kaufte, anstatt mich einzurauchen.

Bei der «Uni-Scheißerei» hatte der Ossi Wiener damals beinhart am Katheder geschissen, aber als sich das Triumvirat Rainer, Fuchs und Hundertwasser im Hundertwasser-Atelier zur Vorbereitung eines Happenings am Stephansplatz traf, kam alles anders, als die Herren es geplant hatten. Auf jeden Fall fanden wir uns im kleinen Kreis bei Hundertwasser oben im Graben-Atelier ein. Hundertwasser selbst lag in seiner Badewanne, zur gleichen Zeit lief das Wasser über und ich sah das erste Mal, wie Kerzen schwimmen, weil er nämlich Dutzende brennende Kerzen im Badewannenwasser schwimmen ließ (siehe Seite 27). Ein eigenarti-

«Schlauchdirndl», 1968, Angelika Schubert, mein Haus-und-Hof-Modell. Hier für die Skrein-Plakatserie «Ein Tropfen Skrein». (Archiv-Nr. 76)

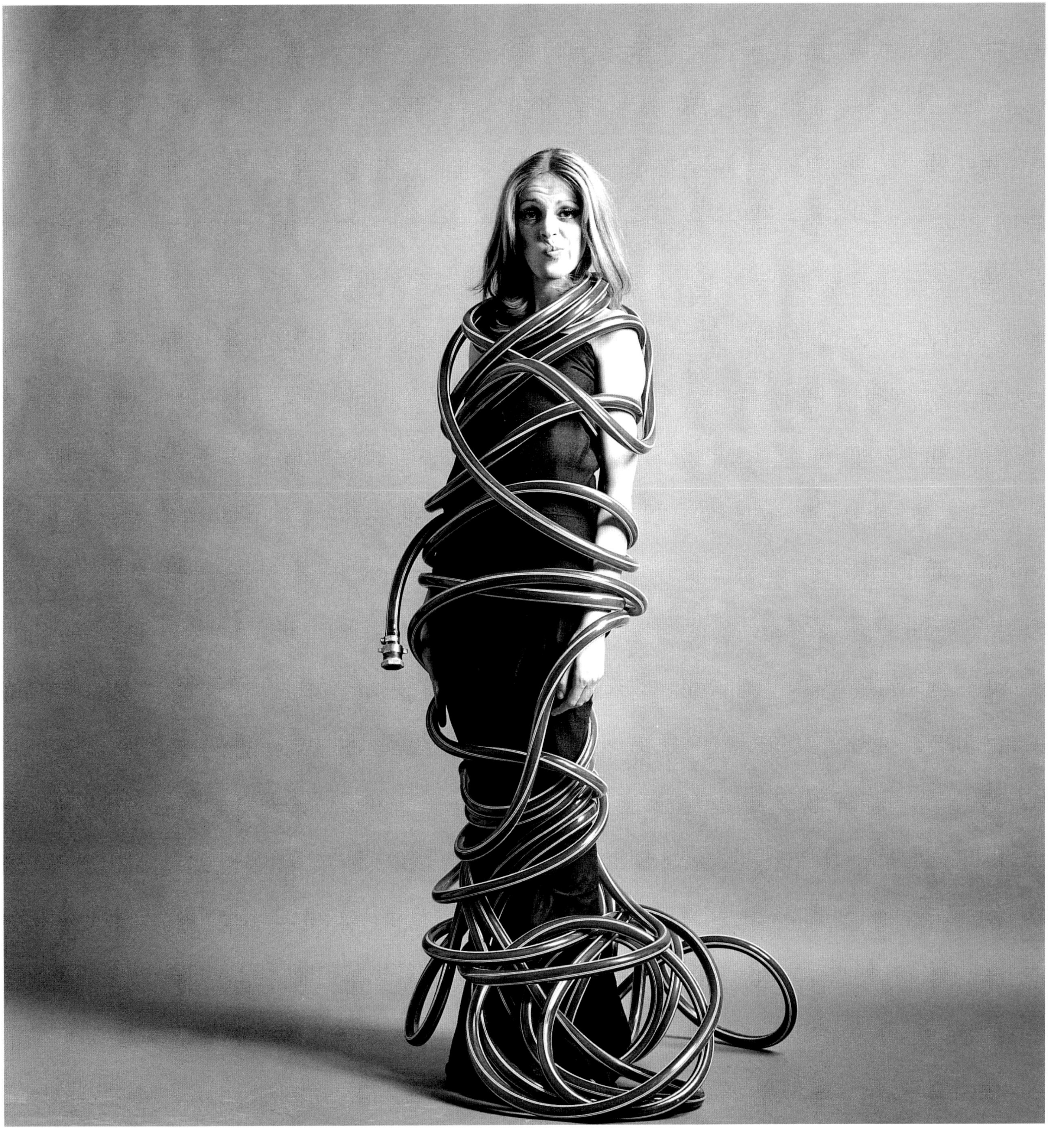

ges Bild, das ich fotografierte, aber leider so, dass man nicht alles genau sieht. Also, Hundertwasser war still und Ernst Fuchs sah ich das erste Mal ohne Kopfbedeckung und konnte mich davon überzeugen, dass er wirklich Haare bis fast zum Boden hatte, wie alle sich immer erzählten. Weil er immer mit dem Turban auf dem Kopf herumging, neigte ich die ganze Zeit über dazu, a) die Sache mit den bodenlangen Haaren für einen Schmäh zu halten und, logischerweise, b) zu denken, dass er in Wahrheit eine Glatze hat.

Ernst Fuchs und Arnulf Rainer standen vor einem Spiegel und bemalten sich akribisch das Gesicht. Man möchte nicht glauben, dass aus einer so verkrampften Situation wie dieser für die Nachwelt so wichtige kulturelle Impulse entstanden. Rainer trug einen Pelzmantel weil Winter war, während Fuchs halb nackt auf dem Dach oben stand und Hundertwasser ganz nackt in der Badewanne lag und sagte: «I geh net owe, ihr kennt's ja geh'n, i hob ma's überlegt.»

Das war ein Machtwort, und Fuchs und Rainer diskutierten dann lang, dass sie, wenn sie doch jetzt das Triumvirat seien, nicht nur zu zweit auf den Stephansplatz hinuntergehen könnten, denn dann stimme ja das mit dem Triumvirat nicht mehr. Fuchs hatte außerdem auch Angst, verhaftet zu werden – eine Ahnung, die sich als nicht unbegründet herausstellen sollte. Schließlich sagte Rainer, der immer schon seinen eigenen, zielstrebigen Lebensweg gegangen ist: «Mir is des Wurscht, wir ha'm g'sagt, dass wir mit dem ang'malten G'sicht da runtergeh'n, und wenn ihr net mitgeht's, dann geh i allan.»

Rainer ging hinunter, ich mit ihm. Ein paar Freunde stießen zu uns, als er sich vor der Stephanskirche aufstellte. Es dauerte keine 10 Minuten, bis die Polizei da war und ihn wegen Erregung öffentlichen Ärgernisses verhaftete. Die Fotos gingen um die Welt und bilden einen Bestandteil etlicher Dokumentationen, die sich mit dieser Gesichtsbemalung befassen (siehe Seite 20). Öfters kam Arnulf Rainer zu mir ins Atelier, um sich fotografieren zu lassen. «Herr Skrein, wie viele Filme

«Weiße fürchten Rache der Neger», 1968.
Es ist heute unvorstellbar, dass solche Headlines (im Bild der Bildexpress) damals gang und gäbe waren. Variante aus dem Ausstellungs-Katalog «Austriennale 30. Mai 1968 bis 28. Juli 1968» von Hans Hollein.
(Archiv-Nr. 77)

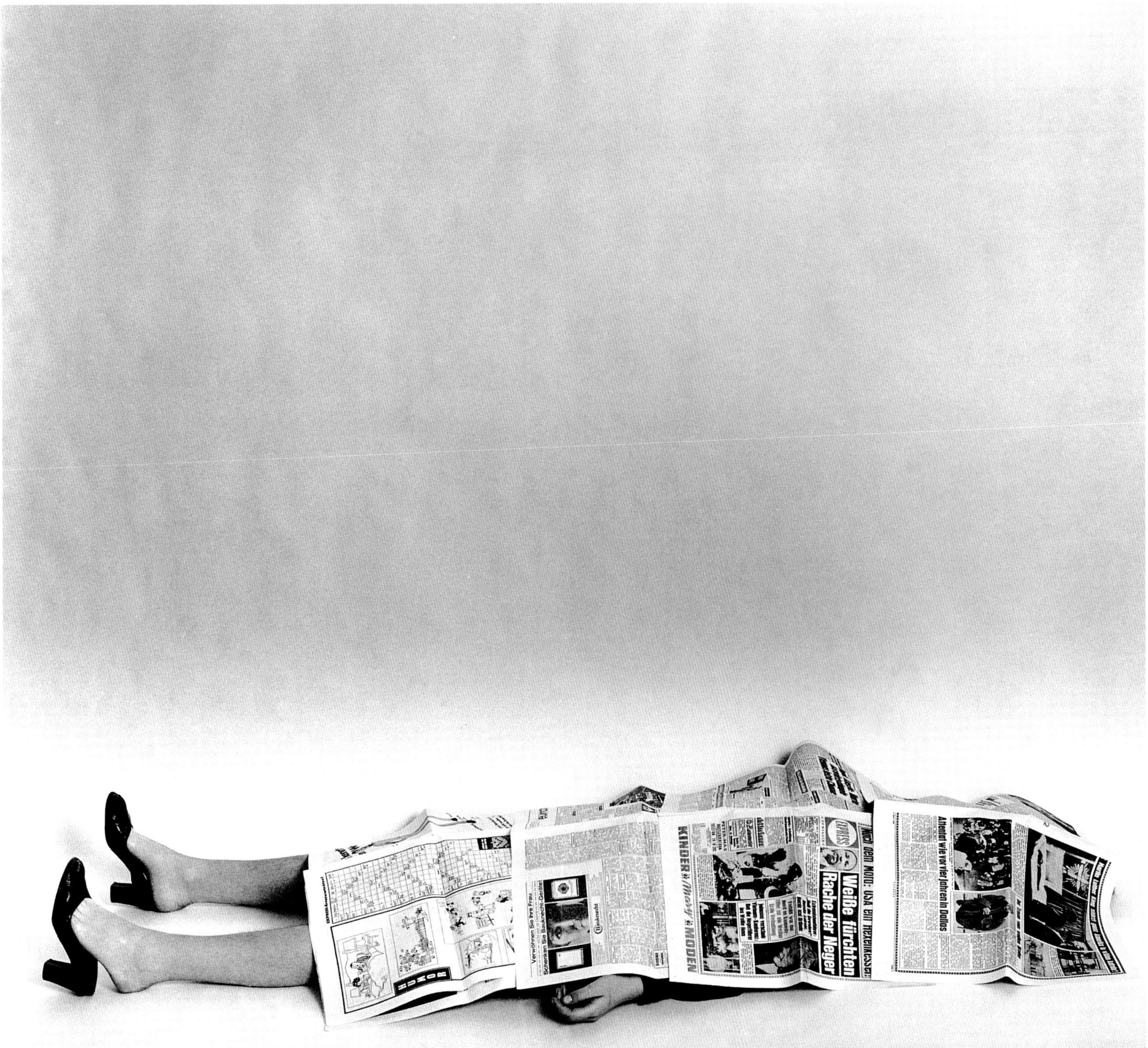

Katarina Sarnitz mit einer Frisur von Bundy & Bundy, 1968, Wien.
«Viel hat der Friseur nicht tun brauchen, die Haare fallen eh von allein», meinte damals meine Rosi. (Archiv-Nr. 80)

Katarina Sarnitz, 1968.
Sie war die Schönste und Fotomodell aus Berufung – man musste um einen Shooting-Termin bitten wie bei einem Filmstar. Das Honorar war ihr nie wichtig, nur das Environment und das Publikationsforum der Fotos – von Vogue abwärts, und nur für die renommiertesten Kunden. Hier: ein Ohrring von Juwelier Hans Schullin, Graz. (Archiv-Nr. 78)

Katarina Sarnitz, 1968, mit einem Mantel vom Kürschner Szillagy, Wien. (Archiv-Nr. 79)

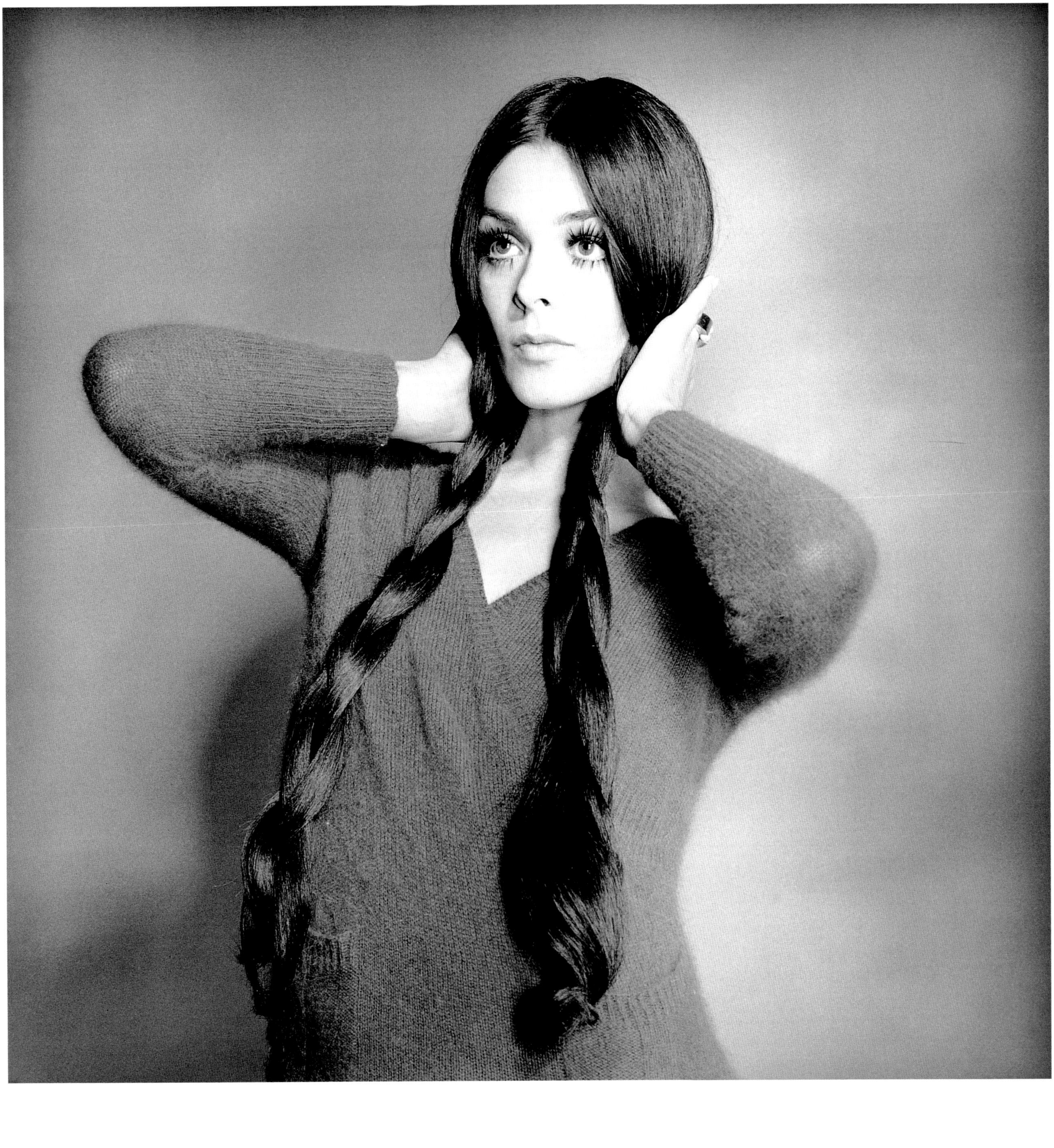

Fotohappening in Wien, 1968, im Atelier Lainzer Straße 71, Wien XIII.
Mein Fotohappening «Christian Skrein gesehen» hat nie Geltung erlangt und wurde auch nicht anerkannt. Ich erfand zusammen mit Ernst Graf den ersten österreichischen Trocken-Swimmingpool, und wir luden zu einem mittlerweile legendären Fest, von dem der damals die Glossen bestimmende «Adabei» Roman Schliesser schrieb, dass 400 Gäste inklusive der gesamten Kunstszene in Styroporkugerln gebadet haben. Natürlich war auch ein Polizeieinsatz fällig – für so etwas interessierte sich die Wiener Polizei damals noch –, und alle Gäste fanden noch lange danach Styroporkugerln in den Anzügen und Rockfalten. Allerdings, eine kleine berühmte Szene ergab sich doch: Der hauptberuflich Badende, Fritz Hundertwasser, saß stundenlang in der Mitte des Trocken-Swimmingpools, also in der Mitte der Styroporkugerln, lächelte zufrieden und strich mit den Händen über das imaginäre Wasser.

Im Styropor-Schwimmbad fotografierte ich außerdem die damalige Miss Austria, die eine unwahrscheinliche Oberweite ihr Eigen nannte. Ich machte auch Selbstporträts mit ihr zusammen, wobei meine Assistentin, Rosi Jansz, immer den Auslöser drücken musste, nachdem ich die Einstellungen vorgenommen hatte. Damals war übrigens noch (fast) alles echt: Aufgespritzte Busen kamen erst viel später in Mode, dafür gab es falschen Kopfschmuck – nicht Perücke, sondern Pepi genannt. (Archiv-Nr. 83)

Nach dem Fest «Christian Skrein gesehen», 1968, vor dem Partymüll, Lainzer Straße 71, Wien XIII. (Archiv-Nr. III)

haben Sie jetzt gemacht?», fragte er mich immer danach. Dann musste ich ihm sagen, wie viele Filme ich gemacht hatte, zum Beispiel sechs. Darauf er: «Also, Herr Skrein, sechs. Wie viele Aufnahmen sind auf einem Film?» Ich: «Zwölf.» Er: «Aha. Dann sind das 72 Negative. Wann werden die Filme entwickelt? Können Sie sie heute noch entwickeln? Weil, Sie wissen ja, wenn ich morgen komme, möchte ich die Negative haben und die Abzüge. Die weiteren Vergrößerungen lasse ich dann woanders machen.» Jedes Mal das Gleiche. Das ist übrigens auch der Grund, warum die übermalten Rainer-Fotografien, zum Beispiel die, auf denen er zuerst das Gesicht mit dem Strick eingebunden hat, so fürchterlich schlecht vergrößert wurden. Rainer ließ bei irgendeinem Fotografen, wahrscheinlich einem Vorstadt-Fotografen, der ja die Negative nicht stehlen konnte, die Vergrößerungen anfertigen, die er dann übermalte. Rainer wusste immer sehr genau, was er wollte, und dass er später einmal sehr berühmt und auch sehr reich sein würde, das wusste er auch. Bis heute ist mir unklar, ob es ihm mehr ums Geld oder mehr um den Ruhm oder um beides ging. Ich durfte auf alle Fälle gewisse Negative, wie es mir rein rechtlich auch zustand, zum Beispiel ein Plakatfoto des Museums

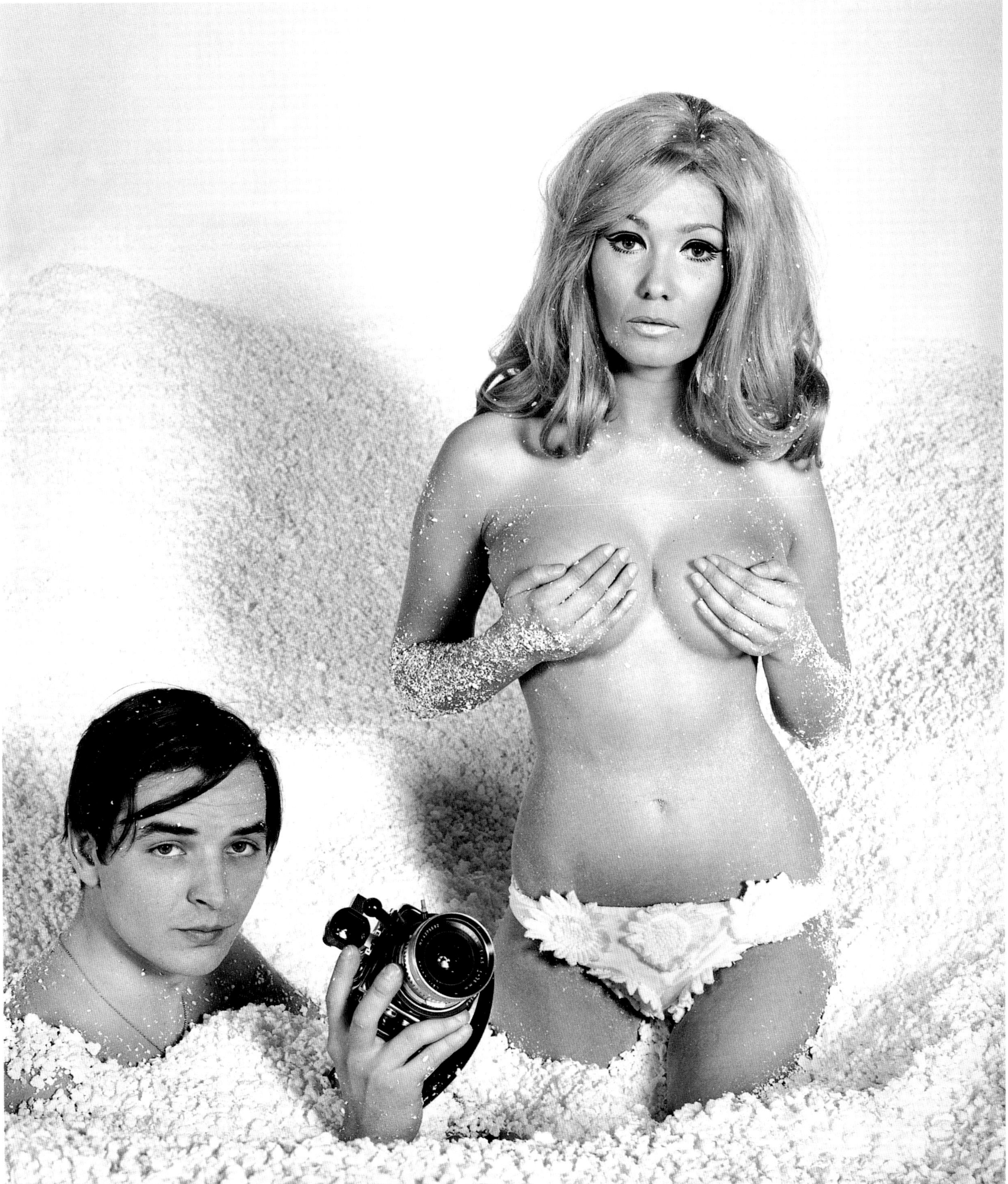

84 und 85 · «Pichler-Stuhl-Sitzen», 1968.
Unser unvergesslicher Bundespräsident Franz Jonas ließ sich anlässlich der Eröffnung des Rehabilitationszentrums Meidling (Stadtteil von Wien) auf einem «Galaxy 1», dem Pichler-Stuhl, nieder.
Die «Jonas-Witze» waren damals berühmt. Angeblich saß Jonas, das kann man sich ja angesichts dieses Fotos gut vorstellen, bei einem Bankett neben einem exotischen Staatsbesucher – scheinbar tief ins Gespräch versunken – und fragte, weil er nicht Englisch sprach: «Ham, ham gut?» Antwort: «Herr Präsident Jonas, sie können ruhig Deutsch mit mir sprechen.»
(Archiv-Nr. 84 [links] und 85 [gegenüber]).

des 20. Jahrhunderts, auf dem Rainer mit dem bemalten Gesicht, auf dem Pichler-Stuhl sitzend, über den Wolken schwebt, oder eben die Aufnahmen am Stephansplatz, behalten. Aber die anderen Aufnahmen im Atelier fielen quasi alle unter «Kunstwerk», und da mussten die Negative abgegeben werden. Das heißt, wer diese Fotos gemacht hat, bestimmt heute Arnulf Rainer. Und schon zur damaligen Zeit sagte er öfter: «Ja, ja, das sind die Selbstporträts.» Gesehen aus der schönen Perspektive von 33 Jahren Distanz: Als Elvis-Presley-Fan – und das zum Zeitpunkt, als die Pille erfunden wurde und Walter Pichler seine Anzüge selbst schneiderte – und als praktizierender 68er war für mich Arnulf Rainer der größte lebende Künstler. Ich verehrte ihn und war von seinem Denken angetan.

Einmal war ich bei Josef Mikl in der Wohnung, um endlich – schon vergleichsweise spät – die Originale der Maschinenmenschenbilder zu sehen. Dort standen drei Übermalungen, eine rot-weiße und zwei gelb-weiße, und Mikl sagte: «Das sind die ersten Übermalungen von Rainer. Wir haben einmal zusammen gewohnt und als der Rainer ausgezogen ist, hat er sie mir überlassen. Das sind übermalte Heiligenbilder, die der Rainer billig als Leinwand im Dorotheum gekauft hat.» Ich kaufte Mikl die drei Bilder ab, es waren wirklich die ersten Übermalungen, die Rainer in den frühen 50er-Jahren gemacht hatte. Damals kaufte er sich im Dorotheum noch Heiligenölbilder, um billig an Leinwand zu kommen, und lackierte diese mit einem gewöhnlichen Malerlack. Jahre später brachte ich sie Rainer einmal, und der sagte: «Die Bilder san net von mir, die kann i net sig-

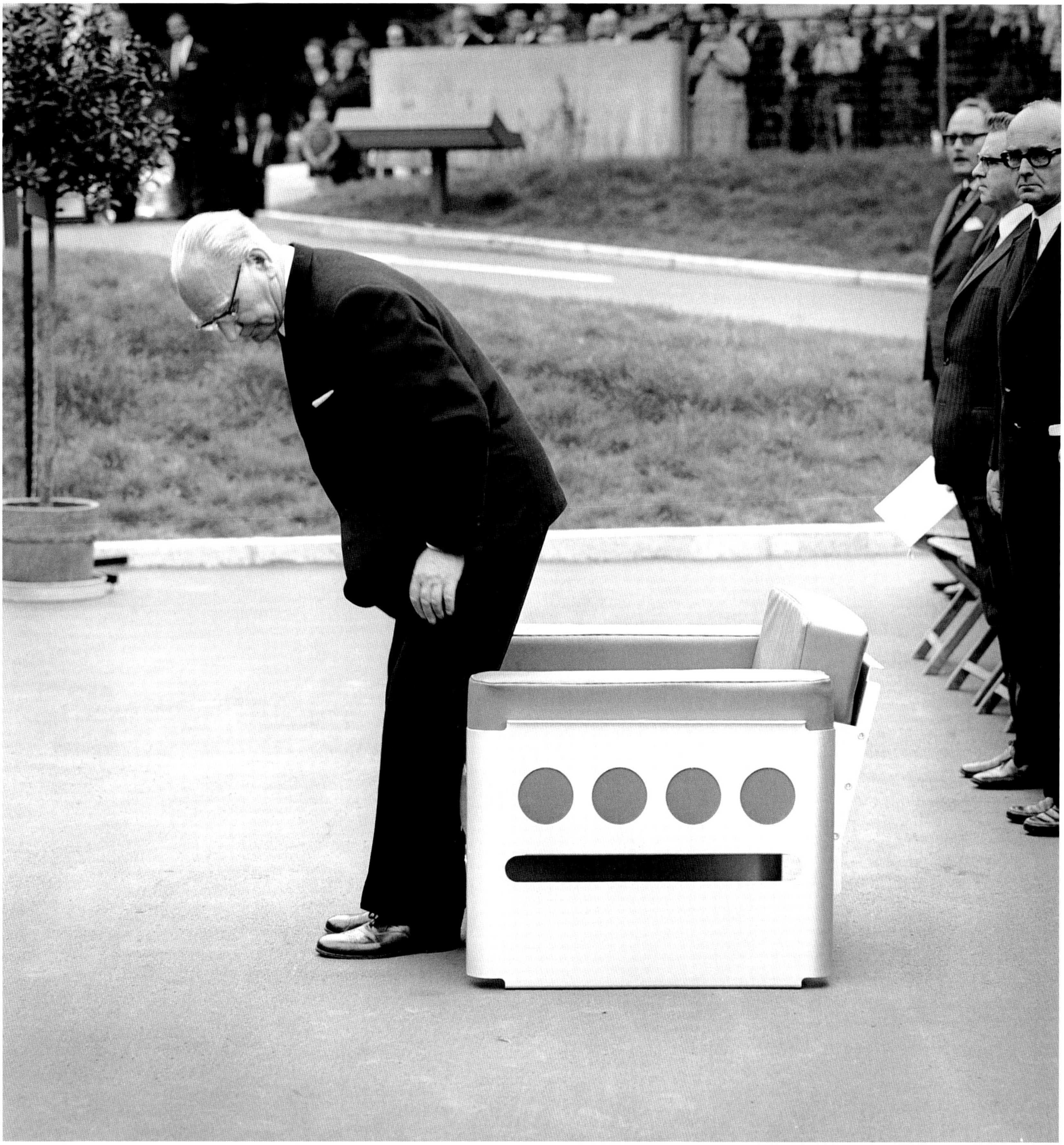

Modeaufnahme, 1968.
Carin Seiler, auf Plastik der Plastikgeneration, mit einer Leuchtstoffröhre und südafrikanischem Schmuck – Modell von Helma Pach.
(Archiv-Nr. 89)

Modeaufnahme, 1968.
Katarina Sarnitz auf dem Boden der Boutique CM von Architekt Hans Hollein.
(Archiv-Nr. 86)

nieren.» Aber ich bin überzeugt davon, dass die Bilder von ihm stammen, denn von wem sollten sie denn sonst sein.

Es wiederholte sich in meinem Leben mehrfach: Eigentlich begann ich einfach so, wagemutig, und erlangte meine Kenntnisse «learning by doing». Ich musste immer von vorne beginnen. Das ist bis heute so geblieben. Leichter hätte ich es gehabt, wenn ich studiert hätte, aber das wollte ich ja nicht, und ich wollte schon gar nicht für die Schule lernen. Ich habe das Fotografieren nie gelernt, ich konnte es einfach, aber nicht gut genug, um ein Leben lang dabei zu bleiben. Dass ich es aufgab, bereue ich nicht, da mir meine

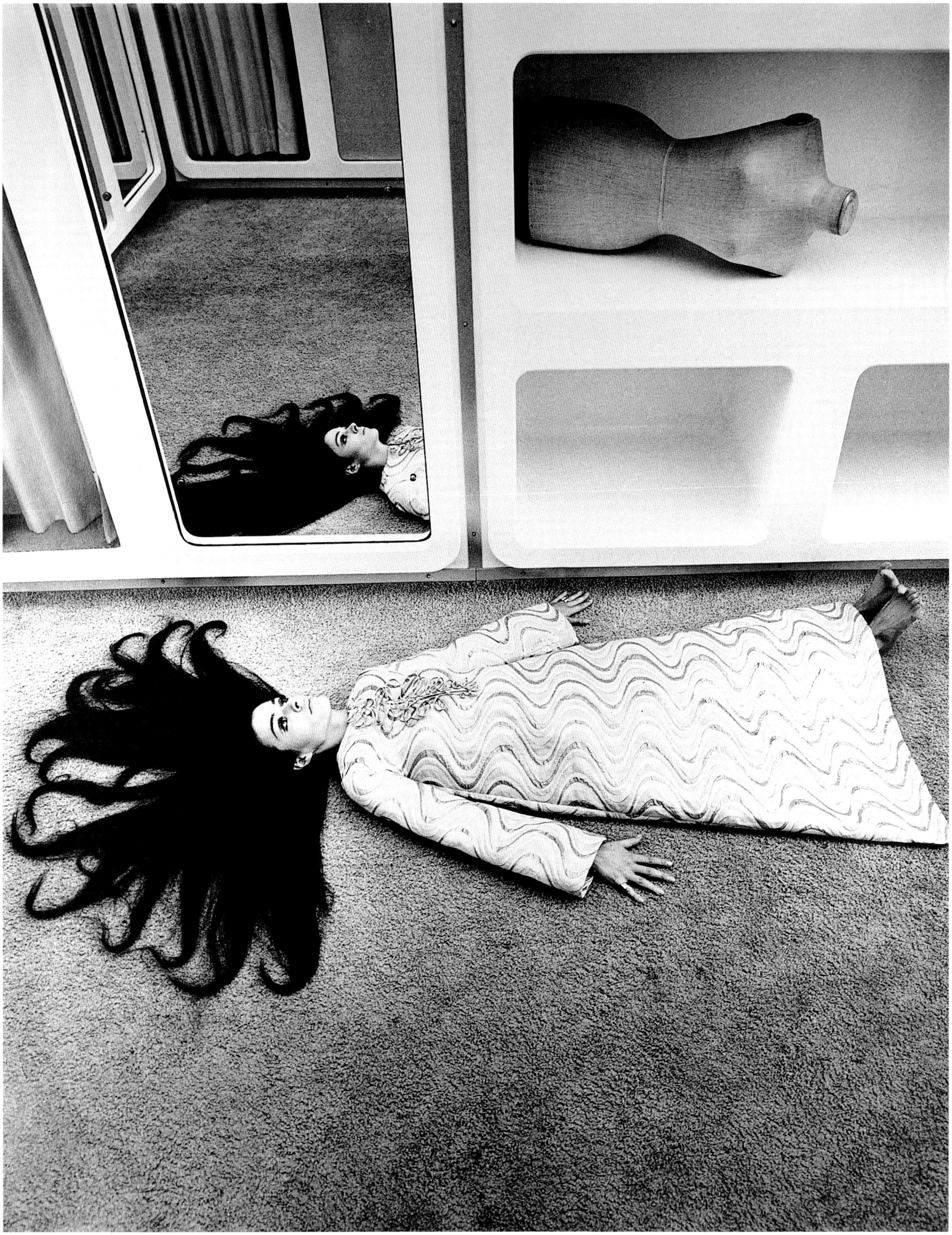

Modeaufnahme für Vogue, 1968, Christa Hlosta. (Archiv-Nr. 92)

Modeaufnahme, 1969/70, «Mr. Orli» – die Legende! «The Dressman» mit Angelika Schubert. Modelle von Hans Waldl mit dem Kult-Auto, dem «Mini». (Archiv-Nr. 95)

Kreativität, die ich durch das Fotografieren schulen konnte, bis heute erhalten geblieben ist. Geschäftstüchtig war ich sicherlich von Beginn an, aber als Künstler war ich bloß Mittelmaß und keine wirkliche Konkurrenz für die großen Fotografen und schöpferischen Zeitgenossen.

Als ich für die *Vogue* fotografieren durfte, bewunderte ich immer Ernst Gecmen-Waldeck, der damals ein international bekannter Starfotograf war. «Der kann fotografieren», sagte ich oft, denn für mich war er eine Art unerreichbares Vorbild. Ich hatte Ernst zwar schon von Jugend her gekannt, ihn dann jedoch aus den Augen verloren, und als ich schließlich seine Fotos in der *Vogue* sah, konnte ich mir gar nicht vorstellen, wie es dazu gekommen war. Ende der 80er-Jahre erzählte er mir dann: Er hatte einfach drauflos fotografiert, unterstützt von einem guten Assistenten, der die Technik hervorragend beherrschte. Im Nachhinein bin ich ein wenig froh über das Wissen, dass auch ein anderer ähnlich vorging wie ich.

Im IT-Business sind fotografische Erfahrungen nützlich. Der richtige Moment ist von entscheidender Bedeutung. Man muss schnell entscheiden, ohne allzu viel Zeit zum Überlegen zu haben. Spontaneität und Kreativität sind gefragt. Der richtige Ausschnitt und das richtige Motiv sind maßgebend für den Erfolg. Die Internet-Plattform ist der Film. Ich bin schon neugierig, wie das weitergeht. Auch so wie mit der Fotografie? Wird es auch hier so sein, dass nur noch das Niveau der Auseinandersetzung zählt? Alles ist Fotografie.

Eines Tages rief Christian Ludwig Attersee an und lud uns ein, mit ihm und Ernst Graf nach Venedig zu fah-

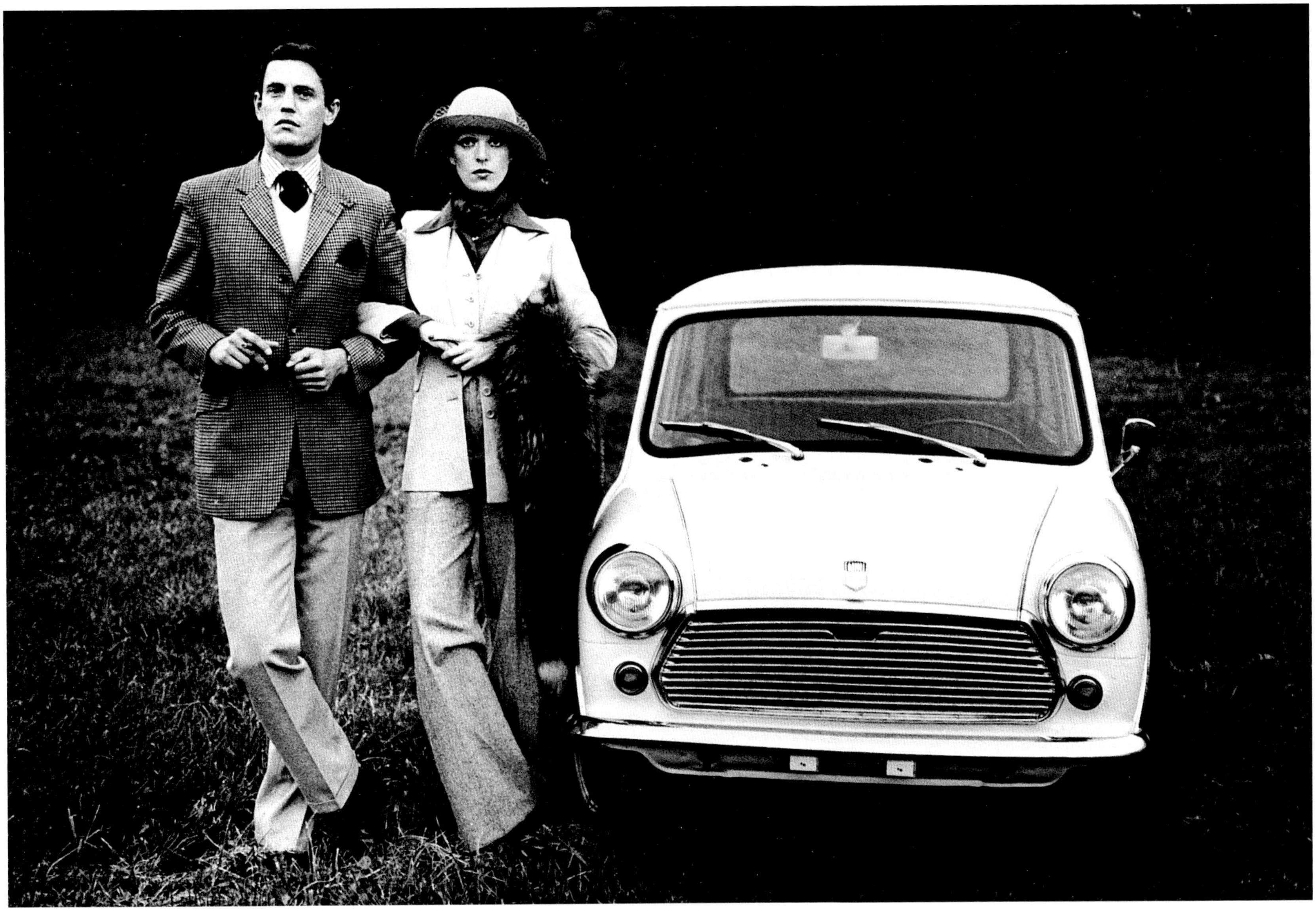

Modeaufnahme, 1968.
Katarina Sarnitz für die Boutique CM
in einem Modell von Miss-London-
Shop. (Archiv-Nr. 97)

Modeaufnahme, 1968.
Katarina Sarnitz im Wiental-
Flussbett. Ich galt als Pionier
der Weitwinkel-Modeauf-
nahme, die in der Folge den
Trend in der Modefotografie
prägte und typisch für die
70er-Jahre wurde. Für die
Aufnahmen verwendete ich
die Hasselblad-Verywide
40 mm. (Archiv-Nr. 96)

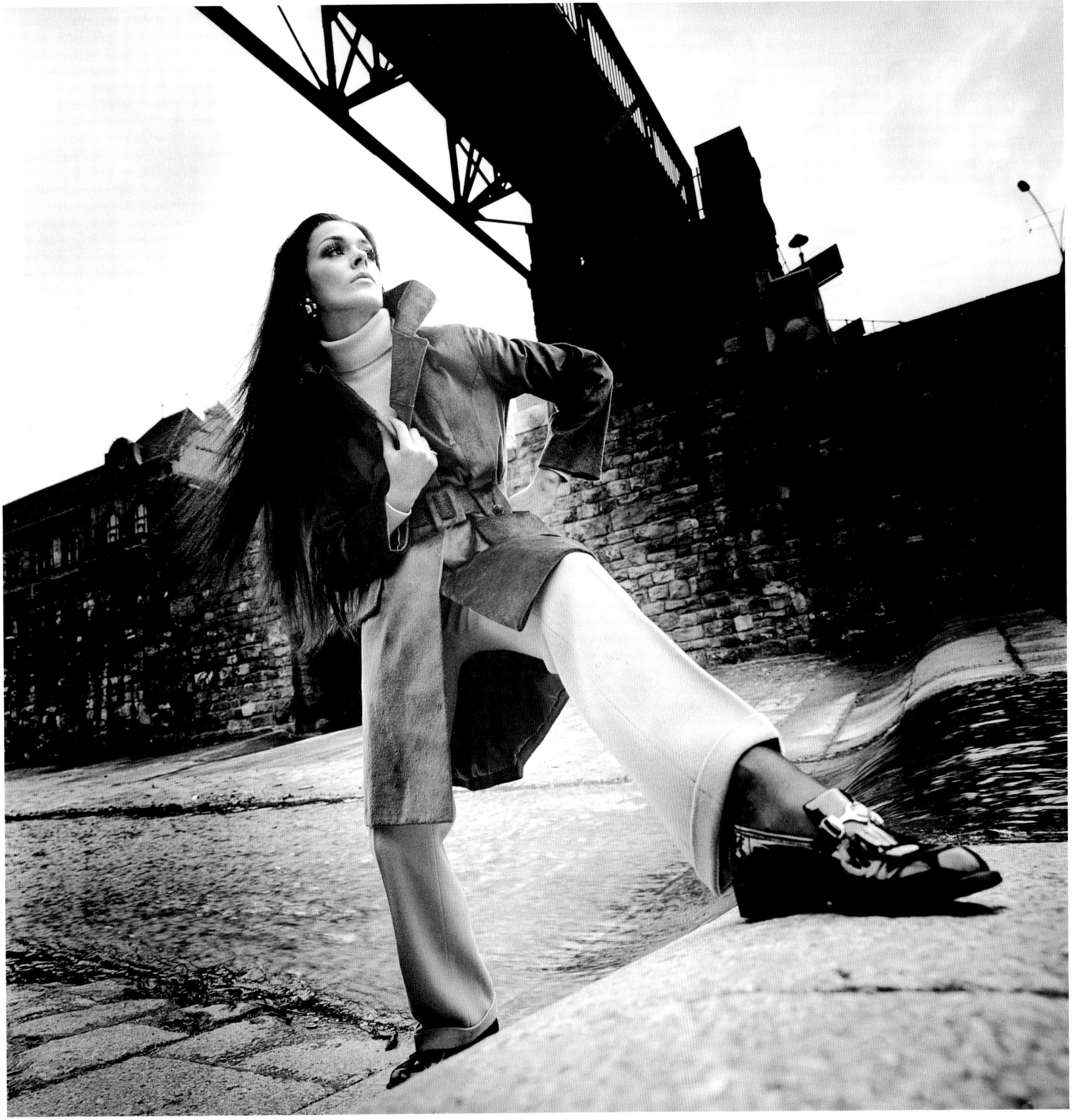

was 1968 sonst noch passierte

Modeaufnahme, 1968. Pop Art in einem Umspannwerk. Trägerin unbekannt, Modell unbekannt (könnte von Quelle sein). (Archiv-Nr. 100)

ren, um gemeinsam Peggy Guggenheim, bei der er eingeladen war, zu besuchen. Mit dem Vaporetto fuhren wir zu ihrem kleinen Palazzo am Canal Grande, wo sie damals lebte und wo heute das Guggenheim-Museum untergebracht ist. Um die Mittagszeit langten wir dort ein, aber sie war nicht da. Also entschlossen wir uns zu warten, mit dem Hintergedanken, uns ihre Bilder und ihr Privatmuseum anzusehen. Falsch gehofft, denn wir wurden auf die Dachterrasse gebracht und konnten nur die schöne Aussicht auf Venedig genießen. Und zwar bis zum Überdruss, da Peggy Guggenheim erst nach ungefähr drei Stunden auftauchte. Sie unterhielt sich dann in erster Linie mit Attersee und zeigte auch nur ihm ihre venezianische Sammlung. Wir anderen mussten weitere Stunden auf dem Dach warten, bis die beiden wieder auftauchten und Peggy Guggenheim uns alle höflich wieder verabschiedete. Trotzdem waren wir, ehrlich gestanden, mordsmäßig geehrt, dass wir sie überhaupt persönlich kennen lernen durften. Leider war diese Begegnung so kurz, dass ich aufs Fotografieren vollkommen vergaß.

Fünf Jahre später befand ich mich dann auf einer Reise anlässlich von Filmaufnahmen für die österreichische Tabakregie in Singapur und wohnte dort im Hotel Raffles. Nach einem längeren Abend auf den Straßen von Singapur landete ich mit der Filmcrew noch zu einem Abschlussdrink in einem Hotel, das direkt am Wasser lag. Von dort fuhr um vier Uhr in der Früh die Fähre zum berühmten «Floating Market» ab, eine Sehenswürdigkeit, die wir nicht versäumen wollten. In der Hotelhalle saß eine einzige wohlbeleibte Dame, die einen Hut trug und immer nur vor sich hin schaute. Es war Peggy Guggenheim. Ich ging zu ihr hin, aber bevor ich sie

Modeaufnahme, 1968, Modell vom Couturier André Courrèges im Mailänder Skrein-Atelier, Trägerin unbekannt. (Archiv-Nr. 99)

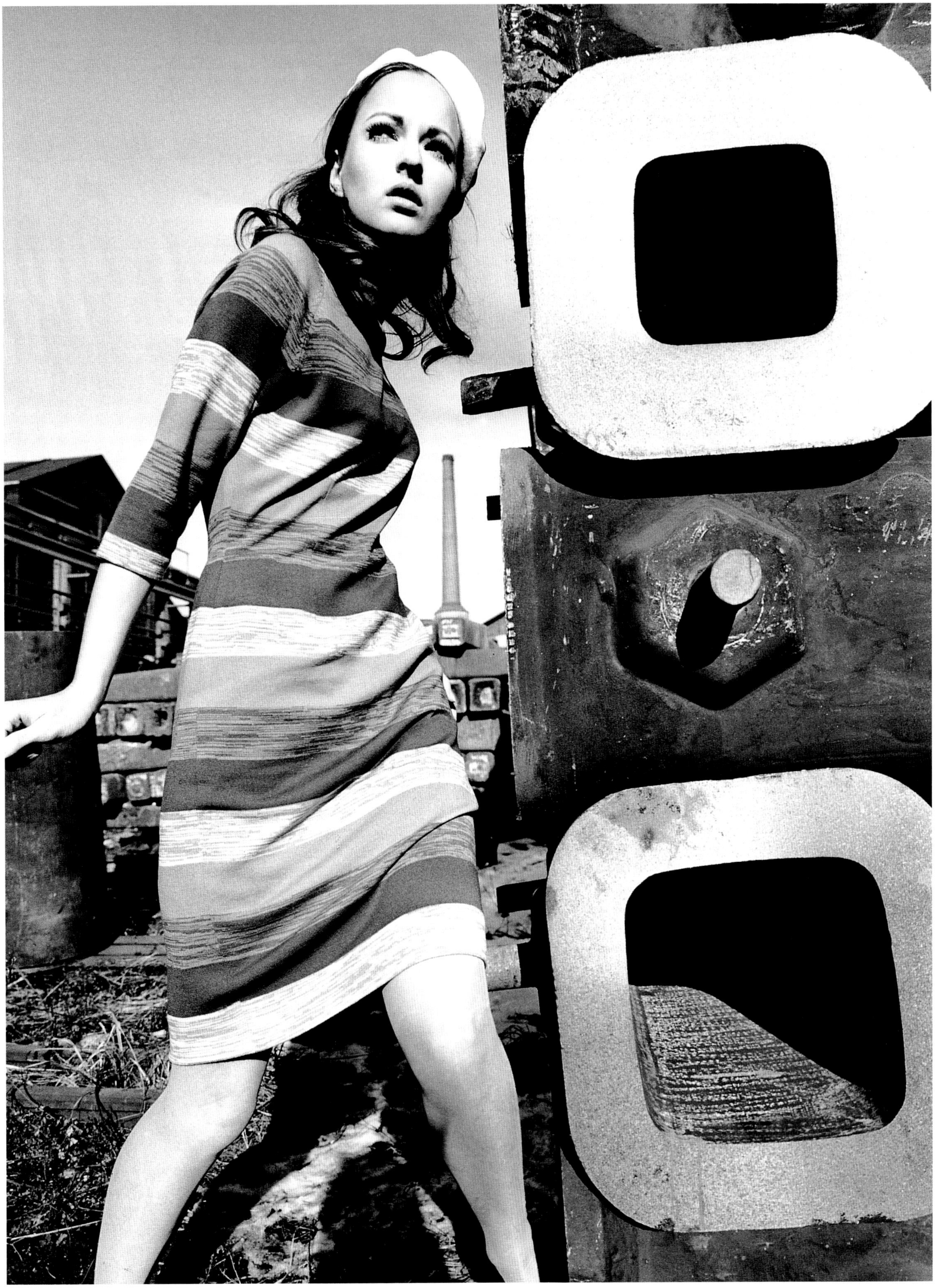

Modeaufnahme, 1968/69.
(Archiv-Nr. 101)

Modeaufnahme, 1968/69, Angelika Schubert. Vorblick auf die 70er-Jahre im «Gesellschaftsfähig-Hippie-Art»-Trend, für die italienische Vogue.
(Archiv-Nr. 102)

noch ansprechen konnte, hob sie den Kopf, offenbar waren wir ihr schon vorher aufgefallen, und ergriff das Wort: «Yes, mister from Austria. How is Attersee?» Unser Gespräch dauerte nicht sehr lange. Sie meinte, dass sich Christian Ludwig Attersee doch bei ihr melden solle, offensichtlich wegen des Ankaufs von Bildern. Sie kannte Arnulf Rainer zwar auch, aber der Attersee, so meinte sie, der werde einmal ein großer Künstler. Peggy Guggenheim war damals schon recht betagt, aber sie hatte immer noch eine ungemein starke Ausstrahlung. Sie gab mir dann noch Tipps für den «Floating Market» und erklärte mir auf eine höchst umständliche Art, dass die Frau im linken Boot auf der rechten Ecke ungefähr am Ende des Marktes, die immer ein gewisses farbiges Kleid anhabe, aber den gleichen Strohhut trage wie alle anderen Marktfrauen in den Booten und daher schwer kenntlich sei, dass eben diese Frau das beste Angebot an reifen Papayas habe.

Die Geschichte ging dann so aus, dass zu dieser Zeit, Anfang der 70er-Jahre, der «Floating Market» de facto nicht mehr existierte, zumindest nicht so, wie man ihn von Fotografien her kannte. Stattdessen fuhren zwei, drei Boote herum, und die Frau mit dem Strohhut, die fanden wir natürlich nicht, und nach ungefähr eineinhalb Stunden waren wir wieder zurück in dem Hotel, wo Peggy Guggenheim immer noch in derselben Haltung in der Lobby saß, nur jetzt schien sie eingenickt zu sein. Ich hatte meinen privaten Fotoapparat, eine Minox, mit, aber auf die Idee, dass ich sie fotografieren könnte, kam ich damals nicht, weil ich ja «kein Fotograf» mehr war.

Um den Lebenslauf jetzt rasch und in kurzen Worten fortzusetzen: Im Grunde habe ich es gern schön grün und tropisch und ruhig und wäre am liebsten Privatgelehrter, weil ich dann von Berufs wegen alles sammeln könnte, was schön und wichtig ist für mich. Aber in Wahrheit wäre mir auf der Insel langweilig: Also wurde aus dem Fotografen ein Werbefilmer, dann ein Lodenweber und Firmensammler. Und ich habe mir

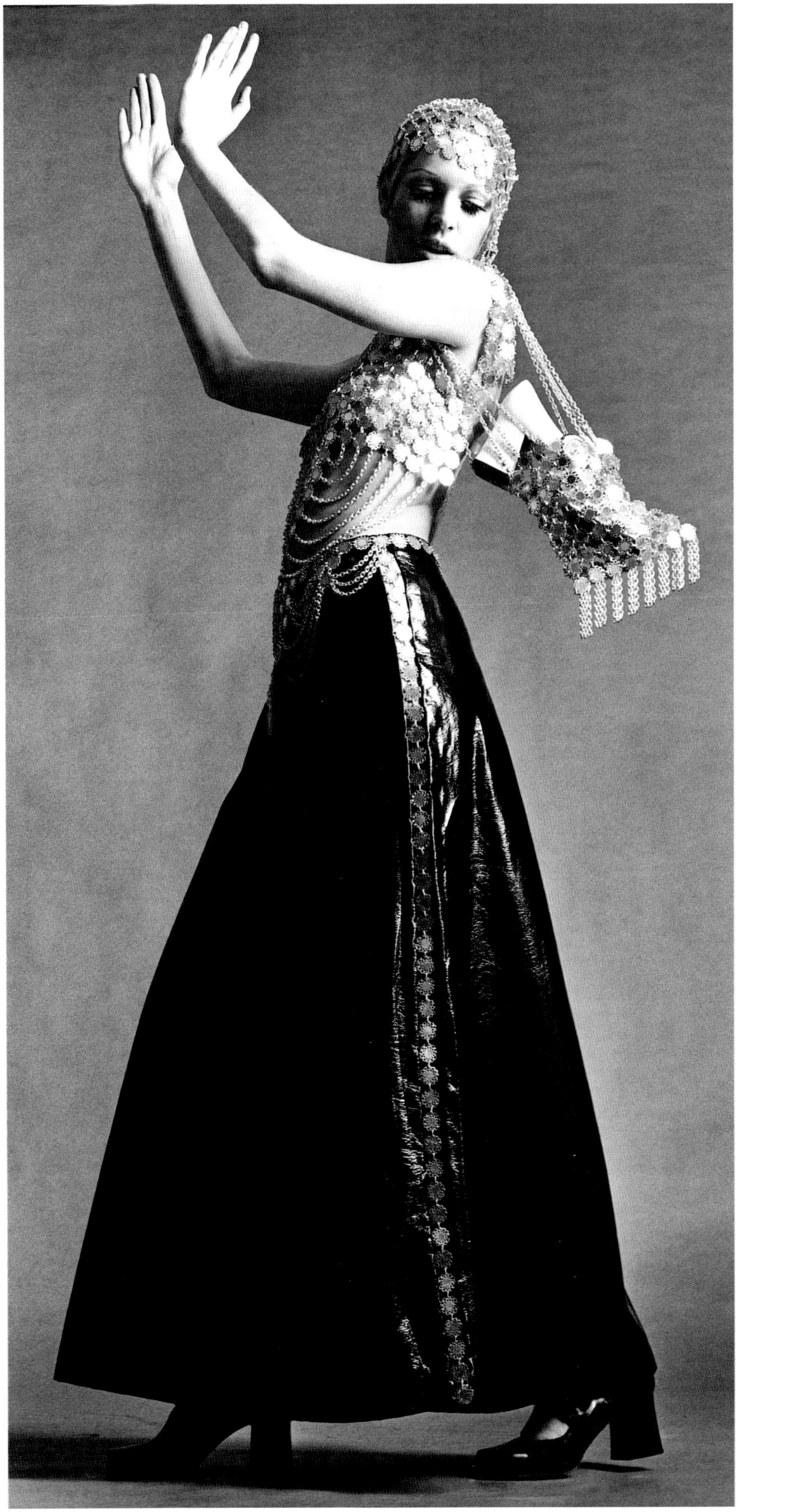

«Rehhäutel» (Kleidung aus Rehleder) aus dem «Fernwehladen» von Irina Racek, 1970/71, hier mit dem jungen Maler Bernhard Paul, später Zirkus-Roncalli-Gründer und -Direktor.
Im Kurier vom Sonntag, dem 1. August 1971, schrieb Lore Kasbauer:
«Ein Hauch von Neandertal: Sie kennen doch Rehhäute? Die Damen verwendeten es bisher zumeist zum Fensterputzen. Jetzt hat das Rehhäutel einen sozialen Aufstieg erlebt – es ist zum Modestar avanciert. (…) Direkt aus der Vergangenheit scheint dieses Trio samt Auto zu kommen. Nun, der Wagen stammt tatsächlich aus dem Jahr 1935, die Lederkleider für Sie und Ihn sind aber erst heuer entstanden, wenn sie auch ein bißchen nach Steinzeit aussehen …» (Archiv-Nr. 103)

schließlich – weil mir von 68 die Neugier geblieben ist und ich Steve Jobs nicht vergessen habe –, Mitte der 90er-Jahre, gedacht: Es wäre doch gelacht, wenn ich das nicht könnte – und landete solcherart in der «New Economy».
Meine Erinnerungen entwickelten sich mit der Zeit zu Erfahrungen, die nützlich sind – für andere ebenso wie für mich.

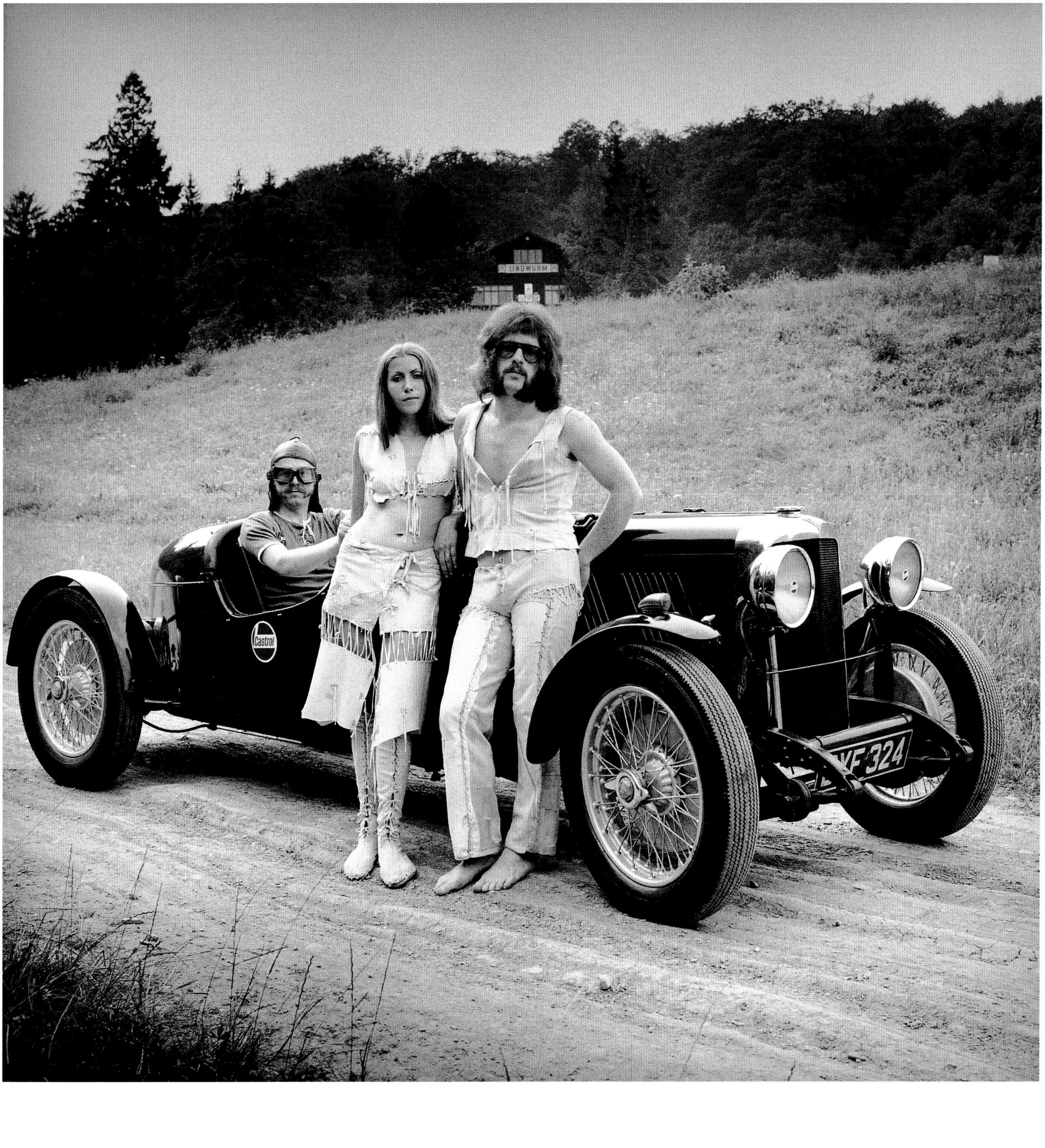
LINDWURM
Castrol

Plakat, 1968, «Skrein» mit
Staubsaugerschlauch.
(Archiv-Nr. 110)

Plakat, 1968, «Tropfenskrein» mit
Wasserschlauch, siehe Seite 93 –
eigentlich «Schlauchdirndl».
(Archiv-Nr. 112)

SKREIN

Plakat, 1968, «Skrein –
Guten Tag». (Archiv-Nr. 114)

Plakat, 1968, «Skrein, Gusch!» – Wienerisch
für «Halt den Mund!» (Archiv-Nr. 111)

116

SKREIN **Guten Tag**

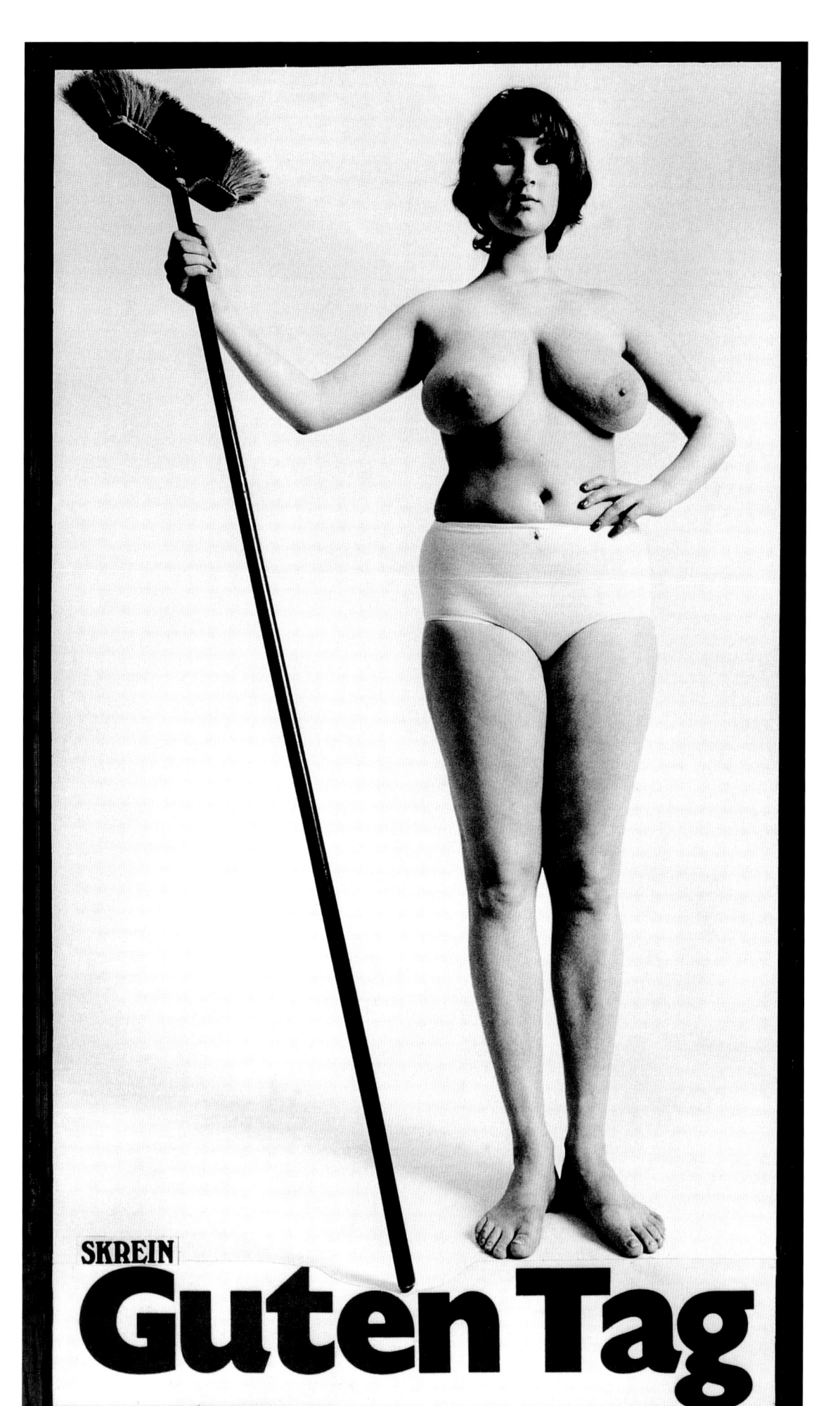

Gegenüber: Plakat und Postkarte, 1968, «Wir nicht». (Archiv-Nr. 115)

Oben: Zeitungsankündigung für die Ausstellung «Junge Österreichische Photographen» (Plakatfoto «Glaubst i bin blind» von Christian Skrein, siehe Seite 87), 1975 im Salzburger Künstlerhaus. (Archiv-Nr. 116b)

Links: Einladung, 1968, «Christian Srkrein gesehen. Gesucht um 1/2 9». (Archiv-Nr. 117)

Unten: Werbeaufnahme für eine Teppichfirma, 1968, u. a. mit Luigi Blau, Christian Ludwig Attersee, Dominik Steiger, Michel Würthle, Kurt Kalb und Robert Klemmer. (Archiv-Nr. 135)

STEIGER   KALB   PICHLER   ATTERS E   GRAF   WIENER   INGRID

FOTO SKREIN

Oben: Skrein-Plakat, 1968, «Freund Attersee». (Archiv-Nr. 118)

Rechts: Buchumschlag, 1969, Oswald Wiener, die verbesserung von mitteleuropa. (Archiv-Nr. 120)

Gegenüber: Plakat 1967, «Pichler zeigt 8 Prototypen». Galerie nächst St. Stephan 27. Oktober bis 18. November 1967. (Archiv-Nr. 119)

PICHLER ZEIGT 8 PROTOTYPEN

GALERIE NÄCHST ST. STEPHAN
27. OKT. - 18. NOV. 1967

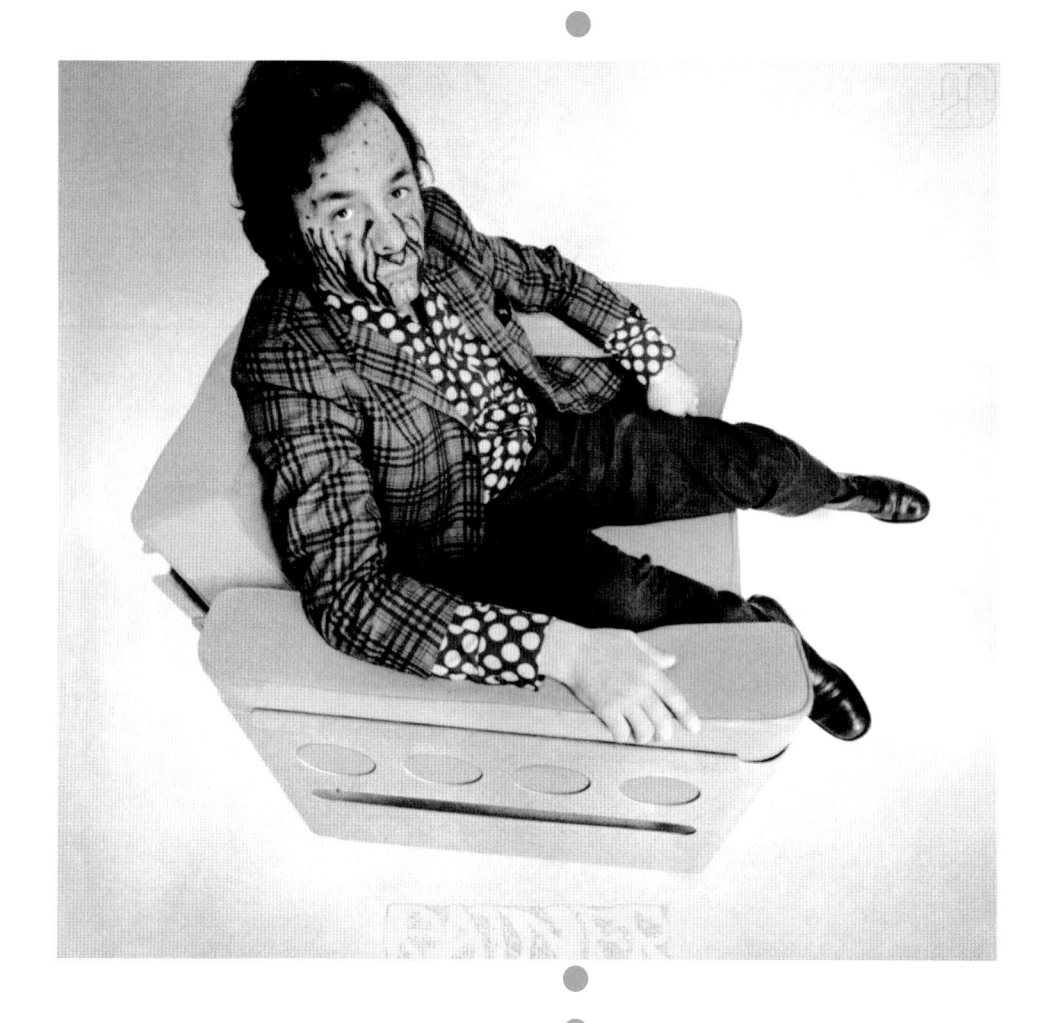

Oben: Plakat- und Katalogmotiv für die Rainer-Retrospektive im Museum des 20. Jahrhunderts, 26. Oktober bis 31. Dezember 1968. (Archiv-Nr. 121)

Rechts: Sonderdruck 8/1968/1025: Architektur aktuell, Architekt Gustav Peichl: RZ Meidling. (Archiv-Nr. 122)

Unten: Poster, 1969, Club Drop In, Diskotheken, Gestaltung: Architekt Matthäus Jiszda. (Archiv-Nr. 123)

Links und Mitte links: «Es gibt viele Künstler, aber nur zwei Genies», 1973.
Wunderschöne Postkarte von Pahdi Frieberger, mit dem Wunsch nach
Filmmaterial, 8 mm. (Archiv-Nr. 400)

Mitte rechts und unten: Copyright-Stempel von 1966 bis 1985.
Ab 1967: «Christian Skrein» wurde sporadisch mit Bestellnummer, Datum und
Titel versehen. (Archiv-Nr. 127)
«Proof Only» galt ausschließlich für Kontaktbögen und Ausschusskopien ohne
Druckfreigabe.

```
COPYRIGHT
BY
FOTO CHRISTIAN SKREIN GMBH

1130 WIEN              MILANO
LAINZERSTRASSE 71      VIA MONTE DI PIETA 1A
   82 61 86                TELEFONO:
   82 45 55                 86 10 57

   LAUT URHEBERRECHTSGESETZ
VERÖFFENTLICHUNG N U R MIT NAMENSNENNUNG
  MITGLIED DES RECHTSCHUTZVERBANDES
```

PROOF ONLY!

Gegenüber: Magazinwerbung, 1966. Foto Christian Skrein Ges.m.b.H, Studio für Werbe-, Mode- und Industriephotographie. (Archiv-Nr. 126)

Oben: Wunschkarte, 1968: Christian Skrein, «Merry Christmas and a Happy New Year!» (Chronografie). (Archiv-Nr. 124)

Oben rechts: Plakat, 1968, Pepsi-Cola-Einführungswerbung für Mitteleuropa. (Archiv-Nr. 125b)

Rechts: Titel der Kurierbeilage vom 2. November 1968: «So wohnt man heute», Skrein-Wohnung mit Skrein-Tischen von Ernst Graf, Hasselblad, Le-Corbusier-Fauteuil und Zockkappe. (Archiv-Nr. 125)

124

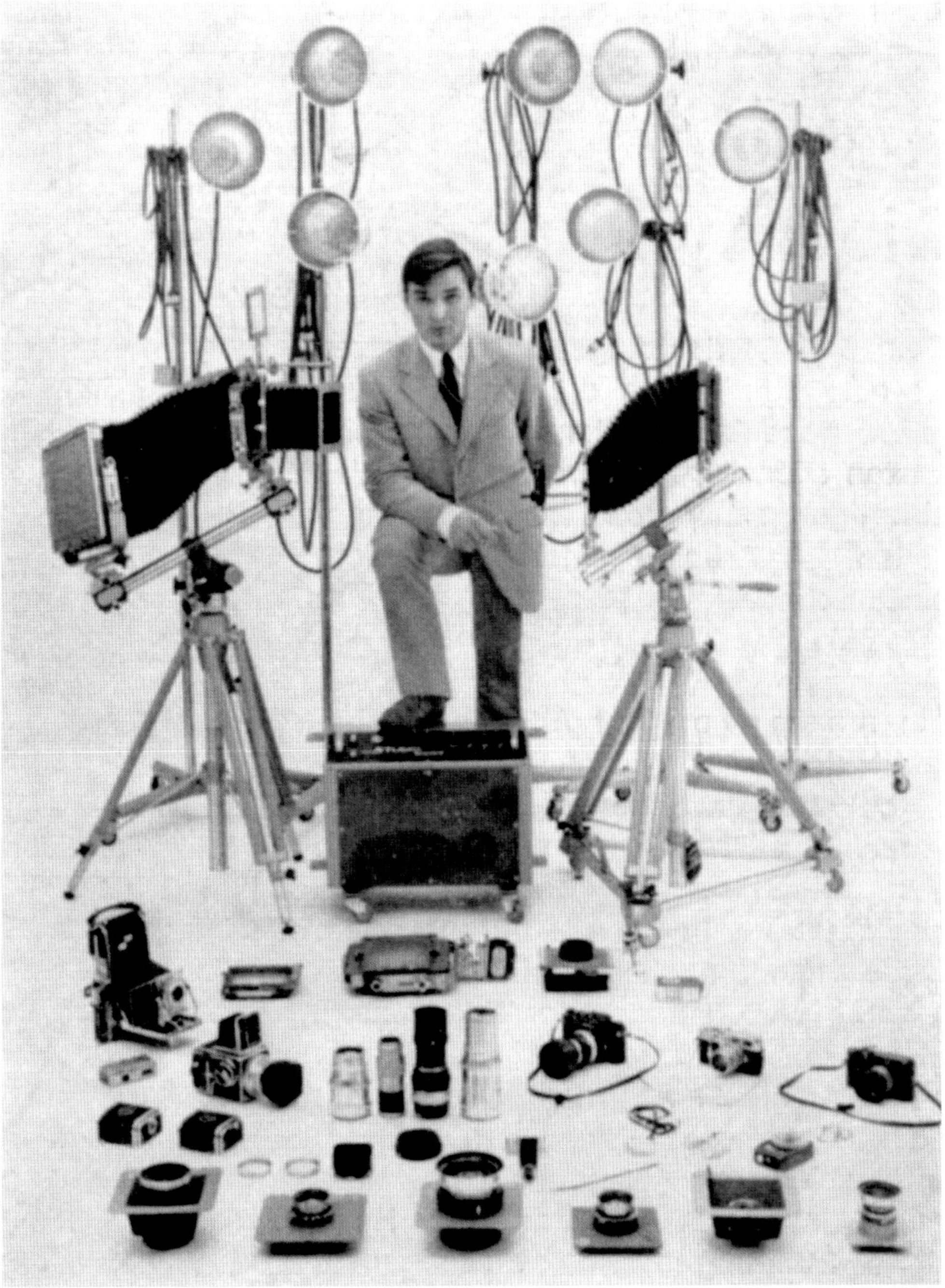

Oben: Stern, 1965, «Achtung Steinschlag»: die Rolling Stones in der Stadthalle Wien. (Archiv-Nr. 131)

Oben rechts: Bunte Österreich Illustrierte Nr. 41 vom 7. Oktober 1964: «Weg mit Broda, lasst Olah in Ruhe». (Archiv-Nr. 130)

Rechts: Stillive, 1962: Erste Fotografieversuche. (Archiv-Nr. 129)

Gegenüber: Stern, Nr. 13 vom 28. März 1965 (Wien-Ausgabe): «Die 4 Frauen der Beatles», Montage. (Archiv-Nr. 132)

Heft Nr. 13 · 18. Jahrgang · Wien, 28. März 1965 · S 4,5

stern

Fotos machte Christian Skrein

dank

Ich danke meiner Frau Alexandra, die mir immer mit Rat und Tat zur Seite steht, meiner Tochter Dani, die eine richtige Künstlerin ist, meinen Buben Raoul und Max, die meine besten Freunde sind, meiner Mutter, die von mir überzeugt war, Wetti und Hansl Reinisch (vulgo Zach), von denen ich so viel fürs Leben lernte und bei denen ich in Osterwitz, nahe Deutschlandsberg in der Steiermark, so glücklich war wie nirgendwo sonst; Peter Lichtenstein, der an mich glaubte und dem ich den rechten Lebensweg verdanke, Maria Duvall d'Dadompierre, die mir meinen Vater nach dessen Tod in Erinnerung hielt, Alexander Skrein, meinem gefestigten Bruder, der immer zu mir stand, meiner lieben Tante Maria sowie der ganzen Familie Grohs, die immer eine Tür für mich offen hat.

Ich danke allen, besonders den Künstlern, die mir für die Fotos in diesem Buch zur Verfügung standen und bei den Aufnahmen geduldig halfen.

Meinen Freunden Rosi Jansz, die mich mein gesamtes Berufsleben begleitete, Matthäus Jiszda, Hans Waldl, Fredi Stampach, Georg Weiner, Jimmi Lubich, Alex Schmid, Wichti Urbanski, Peter und Kurti Hiebaum, Alexander Demuth, der mich so enttäuschte, Othmar Schimek, Monika Steinitz, Christian, Otto und Marianne Jacobs, dem «Fäustling» Peter Peter, Dieter Quester, Charles of the Ritz, dem wahren Fliegenfischer der Traun, Alexander Mauthner, Istvan Vargha, Karl Eschlböck, Christine und Michael Mädel, Claudia Falkhausen, Illa Zellenka, Milli Habsburg-Lothringen, Lucki Vavrovsky, Heini und Eva Spängler, Hans Niederbacher, Erich Fröch, Katarina Sarnitz, Peter Noever, Kornelia Kammerer-Keck, Maggy Hofer, Victor Thurn und Taxis, Monika Brücher-Bernskötter, Mariusz Demner, Christian Merlicek, Rudi Schneider-Manns-Au, Peter und Elisabeth Gürtler, Puppe und Micki Denzel, Christian Tomaschek, Trixi und Hannes Kerbler, Otto Nemetz, Jack und Margo Barath sowie Otto Breicha, der meine Fotografien in die Sammlung Österreichische Fotogalerie im Museum Rupertinum in Salzburg aufnahm, Jan Matthias, Walter und Bärbel Berndorfer, Ulli und Andi Andorfer, Erika und Peter Kaindl, Tamara und Michael Epp, Peter und Dagi Kollmann, Horst Stassny, dem wirklichen Fotografenmeister, Andreas Margreiter, Walter und Gucki Pettauer, meinen lieben Schwiegereltern und last not least Jeannette Vartian-Skrein-Handler, meiner ersten Frau, mit der ich die 68er-Fotos teile, sowie ihrem Mann Anthony, dem Verleger Christian Brandstätter, meiner umsichtigen Agentin und Lektorin Maria Seifert und meiner Endredakteurin Barbara Sternthal sowie all jenen, die mir in meinem Arbeitsleben geholfen haben: Christian Prosel, Bruno Kreisky, Helmut Dimko, Peter Hayek, Ernst Haas, Hans Katschthaler, Michael Jeannée sowie Rudi Schmutz, Fritz Haas, Thomas Graham Bell, Leopold Habsburg-Lothringen und meinem unvergessenen Professor Waldheim, Klassenvorstand im Theresianum.